帝都《ていと》公園《こうえん》物語《ものがたり》

樫原辰郎
Tatsuro Kashibara

幻戯書房

プロローグ

生まれ育った大阪を離れて東京に来たばかりの頃の話である。ちょっとした調べ物で都立図書館に初めて行くことになって、地下鉄広尾駅の改札を出ると地図を頼りに歩きはじめた。ご存じの方も多いと思うけれど、都立図書館は有栖川宮記念公園の中ほどにある。公園といっても、そのへんの街角にあるような可愛い代物ではない。六七五六〇平米、東京ドーム一・四個分の広さを持つ巨大な空間だ。しかも、園内には丘があり林があり川が流れて池がある。人工的な小山である。

広尾という土地そのものが高低差が激しいこともあって、目指す都立図書館に行くためには、幾つもの坂と階段を登っていく必要があった。ふと視線を上げると木立の間を、緑の少ない大阪では見たこともないような野鳥が飛んでいる。本を読みに来たはずなのに、どこか場違いなところに迷い込んでしまったかのような気分になる。何なのだこの場所は。

この公園が、有栖川宮家の邸宅跡地であることは知っていたし、園内の掲示板にも説明が書いてあった。有栖川宮は、大正時代まで存続した皇族、宮家のひとつである。こんなに大きな家があっても、家が途絶えるということがあるものなのか。

皇族の家が大きいのはわかるけど、いくらなんでも広すぎるのではないか。東京という人工密集都市のど真ん中に、なんでまたこんなにも広大で自然の豊かな公園があるのだ？　と東京に来たばかりの僕は思ったわけだ。

大阪にいたときは中之島の府立図書館によく通っていた。中之島公園もかなり広大な公園で、図書館の他に大阪市役所があり、大正時代に建てられた中央公会堂という立派な建物などがある。ただし大阪は、昔は大坂と呼ばれていたにしては平坦な土地が広がっており、その中央にある中之島も有栖川宮記念公園のような高低はない。大都市の中ほどに緑のある広大な公園を配置するというのは、都市計画のあり方としては悪くないではないか。東京も大阪も、それなりに考えて設計された都市なのだな、と思った。

それから数年後、大阪にいる高校時代の友人から連絡があり頼まれて調べ物をすることになったので、今度は日比谷公園にある都立図書館へと足を運んだ。日比谷の図書館は平成二十一年（二〇〇九）に東京都から千代田区に移管されて今は千代田区立になっているけれど、その頃は都立だったのである。東京に来てからは世田谷に長く住んでいたこともあり、日比谷公園に来たのはその時が初めてだった。日比谷公園は有栖川宮記念公園のような土地の高低はないから歩きやすかったけれど、こちらも広い。とんでもなく広い。巨大な公園の中に規模の大きな図書館があり、公会堂がありテニスコートなどもある。複合施設であるという点で日比谷公園は有栖川宮記念公園や大阪の中之島公園と通じるものがある。どれも、端から端まで歩くだけでちょっとした運動になるくらい大きな公園だ。東京にしろ大阪にしろ、世界に冠たる人口密集地域である。大変な数の人々がそこに暮らしており、主要なターミナル駅の朝夕にはホームから人が溢れんばかりのラッシュが毎日起こっている。そんな大都市の郊外ならいざ知らず、ど真ん中に広々とした公園を作るのは大変なのではないかと思う。だがしかし、東京には日比谷公園、有栖川宮記念公園以外にも、新宿御苑などという大規模な公園があって、地図で見ると人口密集都市の中に巨大な穴が空いたようにも見える。

大阪で巨大な公園というと、市役所のある中之島公園と大阪城公園だろうか。中之島公園は二つの川にはさまれた東西に長い島の形をしている。文字通りの中之島だ。この土地は江戸時代、広島藩など諸藩の藩屋敷が並んでいたらしい。大阪城公園は、言うまでもなく大阪城の跡地を取り囲むように作られた公園である。大阪には「大阪城を建てたのは大林組」という有名なジョークがあって、今ある立派な天守閣はもちろん豊臣秀吉が築いた当時のものではないけれど、今も残る巨大な石垣などは当時のものである。藩屋敷であったという中之島公園と同じく、明治よりもずっと古い時代にあったものが、近代化の過程で公園として再利用されるようになったということか。

そう考えると東京の、地図上では巨大な穴のように見える公園も、何か古い時代の名残なのではないか。

思い当たるのが、ロラン・バルトというフランスの文筆家が「空虚な中心」と呼んだ皇居である。中に住んでいる人もいるので、空虚という表現はいささか失礼だとは思うものの、バルト氏の気持ちはわからないでもない。皇居の中は緑が豊かで野鳥なども多く、空気が美味しい。けれども、皇居から一歩出ると読売新聞社があり東京駅があり丸の内のオフィス街がある。皇居の周囲にある駅の名前をいくつか並べてみようか。大手町、日比谷、永田町に霞が関、忙しそうな駅ばかりではないか。国会議事堂前駅というのもある。現代の日本を象徴するような慌ただしい首都東京の中心に、緑豊かな巨大な空間があるのだ。周囲の道路がジョギングコースとして広く認知されており、一般市民が立ち入ることのできる場所もかなりあるので、皇居も実質的には日比谷公園や有栖川宮記念公園と同じく都心部の公園として機能している。

主要図版提供

Réseau pour apprendre le parc japonais : Philippe Doillon

Historiker der Landschaft : Hans von Guradl

帝都公園物語——目次

造本　島津デザイン事務所
編集　岸川真・中村健太郎

一国の首都ができるまで

江戸時代の「皇居周辺」のこと

皇居の外周道路を歩くとランニングコースの表示がある。一周しても五キロなので、そんなにハードなコースではない。昔、マドンナが初来日した際、皇居の周りをジョギングしてそれがニュースになった。皇居外苑は、第二次世界大戦後の昭和二十四年(一九四九)に国民公園として開放された、れっきとした公園なのだ。戦前は皇室苑地であり一般市民は立ち入ることができなかった。狭い意味での皇居外苑は皇居前広場を指すが、現在は昭和四十四年に開園した北の丸公園と、濠に沿った外周部を含めて皇居外苑という名の国民公園となっている。

環境省のホームページを開くと「国民公園及び千鳥ケ淵戦没者墓苑」というページがある。これによると環境省の管理下にある国民公園というのは皇居外苑と京都御苑、新宿御苑の三ヵ所しかなくて、九段下にある千鳥ヶ淵戦没者墓苑がそれに準ずる。千鳥ヶ淵戦没者墓苑は第二次世界大戦中、国外で死亡した軍人や民間人のうち、身元不明だったり引き取り手のない遺骨を安置するための施設で、終戦から十数年経った昭和三十四年に建てられた。政教分離の原則により特定の宗教には属さない、無名戦没者の墓である。これが、皇居外苑や新宿御苑、京都御苑と並んで国民公園の仲間入りをしているのは少し不思議である。そもそも公園としての規模も他の三つに比べて小さい。気になって調べてみると、新宿御苑や京都御苑が国民公園として一般に開放されたのは皇居外苑と同じ戦後の昭和二十四年なのだ。新宿御苑については後で詳しく書くけれど、戦前は皇室の庭園であり、皇居外苑と同じく一般市民にとってはクローズドな空間だった。それが終戦、いや敗戦をきっかけに開かれた空間となったわけだ。だとすると開いたのはＧＨＱということか。

皇居とは何かというと、もともとは江戸城とその周縁の土地である。皇居の周辺にある半蔵門だの桜田門だのといった地名駅名はまぎれもなく江戸の名残だろう。フランス人バルトに空虚な中心と呼ばれた広大な天皇の住居は江戸城だった。だとしたら、日比谷公園や有栖川宮記念公園、新宿御苑といった巨大な都市公園もまた江戸時代の名残なのではないか。そういう観点から過去の記録を調べてみると、いろいろなことが見えてきた。日比谷公園も新宿御苑も、ざっくり言うと元は武家屋敷なのだ。そして驚いたことに、現在は皇居外苑と呼ばれているあたりの土地も、江戸時代には大名屋敷が並んでいたようなのだ。なんとなく、明治維新の際に京都からやってきた天皇が無血開城した江戸城に上がり込み、そのままそこで暮らすことになって皇居と呼ぶようになったのかと思っていたのだが、そんなに単純な話でもないらしい。皇居外苑にあたる土地には会津藩松平肥後、忍《おし》藩松平下総といった屋敷が立ち並んでいた。松平といえば名門である。

明治三年（一八七〇）の調査によると、江戸の市街地の面積のうち町地は二割しかなく、寺社地が二割、残りの六割が武家地だという。なるほど、江戸とは武士の町だったのかと思う。そしてその武家地の中でも大きな割合を占めていたのが大名の土地である。

これはどういうことか？

江戸幕府には参勤交代という制度があった。日本人なら誰でも知っているように、各地の大名は一年おきに自分の領地と江戸を行ったり来たりしていたわけだ。もちろん行ったり来たりするのは大名だけでなく大勢の家臣を連れて行く。しかも、正室と世継ぎ、つまり本妻と跡継ぎの長男などはずっと江戸住まいだった。彼らに仕える家臣も江戸住まいだから、かなり大きな屋敷が必要になる。江戸の町中は、こういった規模の大きな武家屋敷が立ち並び、日本各地からやってきた地方人が生活していた。つまり東京は江戸時代から地方出身者の街だったのである。

明治維新の後、それらの武家屋敷に住んでいたお殿様や家来たちはどうしたかというと、自分の領地へと帰ってしまったのだった。それでなくとも幕末の江戸や京は物騒で、明治維新に際しては戊辰戦争という内戦にまで至った。何しろ二百年以上に渡って天下泰平の世を築いた江戸幕府である。内戦というのは、誰もが初めて体験する血なまぐさい出来事だったろうから、国へ帰りたくなるのも無理はなかろう。それに文久二年（一八六二）の改革でそれまでは隔年交代だった参勤交代が、三年に一度に緩和されていた。参勤交代が緩和された背景には、黒船ペリー来航以来の開国事情があった。幕府としては海に面した諸藩には海岸沿いの防衛力を強化し、軍艦や大砲といった軍事面に力を入れてほしいという意図があり、つまりは外国に対して地元の警衛をしっかりと固めるために、経費のかさむ参勤交代のルールを緩いものにしたのだった。とはいえ、実際に参勤交代が緩和されてしまうと徳川幕府が築き上げてきた中央集権体制自体はじわじわと弱体化してしまうのだから政治というのは難しいものだ。

父親が尾張藩士だったため、市ヶ谷合羽坂《かっぱざか》の尾張藩上屋敷で生まれ育った長谷川辰之助こと後の二葉亭四迷は、明治維新の頃はまだ四歳ほどの子どもだったが、戊辰戦争に際して上屋敷内の大人たちが荷物をまとめて枕元に置き、いつでも逃げられる準備をしていたのをよく覚えていたという。

この時、上野はというと薩長を中心とする新政府軍と旧幕府の彰義隊が戦争状態である。市ヶ谷合羽坂といえば今の都営地下鉄新宿線曙橋駅のあたりだ。イギリスから輸入したアームストロング砲の放つ榴散弾が上野から曙橋まで飛ぶわけはないが、今のような通信インフラのない時代、情報は錯綜し流言蜚語《りゅうげんひご》も飛び交ったろうから、一刻も早く江戸から逃げ出して故郷に帰りたいと思うのは人情である。実際、長谷川一家は間もなく尾張名古屋に移動する。辰之助がふたたび上京するのは十代の終わり頃だ。

明治十年に起きた西南の役が終結するまで、日本国内ではあちこちで内戦、暴動が起きていた。言いかえれば、明治維新によって発生した混乱がそれなりに収まるまでに十年もかかったというわけである。

歴史的に見て、明治維新とはなんであったのか？　というのは、いまだによく語られるテーマではある。フランス革命のようなダイレクトな市民革命ではないだけに、少しわかりにくいのだ。たとえば黒船来航と開国、そして明治維新はつながっているように見えるけれど、二百年に及ぶ鎖国を終わらせて開国したのは徳川幕府の判断である。これは誠に賢明な判断だったけれど、その直後に徳川家は歴史の表舞台から退くことになる。明治維新とは薩長によるクーデターだったという意見もあるわけで、実際これは一理あるとは思う。

アメリカの黒船来航以前から、ロシアが日本との貿易を求めていた。オランダ国王からもそろそろ鎖国を辞めてはどうかという忠告が届いていた。日本の開国は時間の問題だったのである。

「徳川の平和」を築いた鎖国、そして開国へ

ここで少し鎖国について考えてみたい。江戸幕府が行なった鎖国に関して、現代の視点から見るとかなり愚かしい行動のようにも見えるのだけれど、あれはあながち悪い手ではなかった。鎖国の要となったのはオランダのような一部の国家との限定的な交流以外の国交を絶ち、外来の宗教の普及、信心を禁止、主にキリスト教を禁止したことだろう。これは実は理にかなってはいたのだ。人類というのは放っておいても旅に出て異人種と交流する。そしてその際には、何らかの形で侵略や搾取が行われる。二つ以上の異人種たちが遭遇した場合に強い立場に立って相手を圧迫するのはテクノロジーやイデオロギーといった先端の知恵に勝る側である。コロンブスによるアメリカ大陸の発見以降、旧大陸から来た人間たちがやったことと言えば、新大陸からの搾

取、いや強奪だった。コロンブスの船出が十五世紀末、同じ頃にヴァスコ・ダ・ガマも喜望峰を回ってインドに到達する。いわゆる大航海時代の到来は、長距離の航海を可能にする大型船舶の建造と羅針盤による天測の発達ありきである。すべての船のルーツはおそらく単なる丸太だろう。人はそれを繋いで筏《いかだ》を組み、丸太を彫ってはカヌーを作った。そういった技術的なイノベーションが蓄積されて巨大な船舶が建造できるようになり、大航海時代が到来した。これが十五世紀の出来事だ。大きな船はさまざまなものを運んでくる。その中には鉄砲もあればキリスト教の宣教師もいたわけで、たとえば織田信長は鉄砲を採用しキリスト教徒を優遇したが豊臣秀吉はキリスト教を禁じ、その後に国内を制覇した徳川幕府も結局はキリスト教を禁止する。キリスト教の布教に伴って日本が植民地化される危険があったからである。イエズス会が日本を侵略する計画を持っていたことは高瀬弘一郎の『キリシタン時代の研究』(岩波書店)に詳しく書かれているが、基本的にあの時代のイエズス会には軍事的な側面があったのだ。

結果的に徳川時代の日本は他国の植民地になることもなく、大きな戦争も起きないまま二百年の平和を維持したのだから、徳川体制はなかなか優秀なシステムを構築していたわけだ。

マシュー・ペリー率いるアメリカ合衆国艦隊の艦船が日本に姿を現したのは嘉永六年(一八五三)。これがいわゆる黒船来航だ。ざっくりいうと、この黒船来航から明治維新までの短い期間が「幕末」ということになろうか。実際、ペリーが来た翌年の春には日米和親条約が結ばれて日本は開国する。なぜ、開国したのか？　これに関してはいろんな解釈がありうるわけだが、四隻からなるペリーの艦隊のうち二隻が蒸気船だった（残りの二隻は帆船）というのは重要だろう。巨大な船から大量の湯気が出ているわけだ。湯気というよりは煙か。黒船来航で幕府の役人などは危機感を抱いたが、庶民は物珍しさでアメリカから来た船を見物しに集まった。ペリー率いる黒船には大砲があり、浦賀の沖で空砲を派手に鳴らした。これは単なる威嚇であり実弾を撃ったわけではないから、日本の庶民はこれも花火のようなものとして楽しんだという。蒸気機関と大砲、黒船に乗ってやってきたのは日本人の知らないテクノロジーだった。イギリス発の産業革命がアメリカ経由で日本に到達したともいえる。

土佐の生まれで、十四歳の時に漁に出て嵐に遭遇し漂流、アメリカの捕鯨船に助けられ、ジョン・マンという呼び名を与えられアメリカの捕鯨船員として働いていた中濱万次郎は黒船来航の少し前に苦労をかさねて日本に帰国していた。薩摩藩や長崎の奉行所で長期の尋問を受けたりいろいろと苦労があったけれど、英語をマスターしていたのとアメリカという国を実地で体験していたのは大きな財産だった。黒船来航後、万次郎は旗本の身分を与えられ、お上の仕事を任されるようになり、明治維新後は東京大学の母体の一つである開成学校で英語教授となった。

読み書きもろくにできなかった教育のない貧しい生まれの万次郎がここまでの人物になれたのは、アメリカ滞在時代に捕鯨船の船長ホイットフィールドと懇意になり、彼の養子として学業に励んだからである。オックスフォード学校、バーレット・アカデミーで数学、測量、航海術、造船技術などを学んだ万次郎の知識と経験は何物にも勝る文化資産であり、それは帰国後大いに役立つことになった。薩摩藩で彼と接したのが先進的な考えの持ち主で、西欧文化に興味のあった島津斉彬《なりあきら》だったことも大きいだろう。斉彬の指示により藩士の田原直助《たはらなおすけ》と地元の船大工が万次郎に教えを請い、アメリカの先端技術を吸収しようとした。この万次郎から得た知識を元に薩摩藩は越通船《おつとせん》という和洋折衷スタイルの帆船を建造する。そしてこれに蒸気機関を搭載することで日本初の蒸気船、雲行丸の建造につながるのだ。技術的水準から見るといささか完成度の低いものであったが、万次郎から得た造船技術と斉彬がオランダから入手した蒸気機関の技術書しかない状況下で蒸気船を作り上げたのは凄いことである。蒸気船の試作品が完成したのは安政二年（一八五五）のことで、黒船来航からまだそんなに経っていない。実は蒸気機関と蒸気船に関する情報は、それ以前からじわじわと日本には伝わってきており、それに強い興味を持った斉彬はオランダ人フェルダムの技術書を入手し、津山藩出身の蘭学者、箕作阮甫《みつくりげんぽ》に翻訳を依頼していたのである。これが蒸気船建造のテキストになった。箕作は当時の超インテリで幅広い分野の知識を持っていたが、もちろん蒸気機関に関しては素人であるから、翻訳されたテキストを実際に使用するのは大変だったろう。これが嘉永二年（一八四九）のことで、要するに黒船来航前の段階で、島津は西洋の最先端テクノロジーたる蒸気機関の情報を可能な範囲で押さえていたわけだ。

ペリーが来た翌月にはロシアからエフィム・プチャーチンがやってきた。こちらの艦隊にも蒸気船があった。新しいテクノロジーが出現すると世の中は大きく変わる。そしてそれ以前の状態に戻ることはまずない。アメリカやロシアから蒸気機関を備えた船がやってきた段階で、日本は急速に近代化する運命だった。もしや大政奉還、明治維新がなく徳川体制が続いていたとしても、まず間違いなく日本は近代化、西欧化の波をかぶっていただろう。その場合、参勤交代に鉄道を使うようなケースもあり得たかもしれない。黒船来航が嘉永六年（一八五三）で、明治維新、大政奉還が慶応三年（一八六七）のことだから十四年も経っている。この間に生麦事件や下関事件といった諸外国とのトラブルがいくつもあったけれど、たとえば生麦事件でイギリスと交戦した薩摩藩はその後イギリスとの関係を深めるわけで、近代化の波は加速する一方だった。明治維新に伴う戊辰戦争では西欧から輸入した銃や大砲が使われたが、明治十年（一八七七）の西南の役では国産の大砲も使われた。大阪の工場で日本人が製造した大砲が西郷隆盛とその同胞を攻撃したわけである。そして西南の役が終わると、国内は平定されてかなり平和になった。皮肉な話だけれど、この時期の日本は欧米から輸入したテクノロジーによって自前の軍需産業を持つようになり、それに伴って内戦と暴動の時代が終結したわけだ。

平和な日常を維持するという視点から見ると徳川幕府はかなり優秀だったわけだ。武士は日本刀という殺傷能力の高い武器を腰に差しているけれど、実際にこれを使うことはあまりない。だとすると、騒乱の幕末でテロ、暗殺が横行したのは、刀を実際には使ったことのなかった武士たちが日本刀の使い道を再発見したということだろうか。

話を江戸、東京に戻すと、明治維新と戊辰戦争をきっかけに江戸にあった数々の大名屋敷がほぼ一斉に、もぬけの殻、空き家になってしまったのである。ここで残された武家屋敷とその広大な土地をどうするかという問題が持ち上がる。家というのは人が住んでいないとどんどん荒れてゆく。特に日本のような風土では凄まじい速度で雑草が繁殖し、庭や路地を埋め尽くす。江戸時代の大名屋敷には優雅な庭園がいくつもあったけれど、ああいうものは常に手入れを怠らないようにしないと維持できるものではない。人の住む環境においては植物は常に管理と整備が必要なのだ。江戸のような人口が密集していた都市部において、自然のままに伸びる草木というのはすぐに邪魔になってしまう。けれども、江戸詰めで藩邸にいた人たちが江戸を去ったので人口ががくっと減り、ずらりと並ぶ武家屋敷に住む人がいなくなったのだ。

いわゆる武家屋敷には、大名が住む上屋敷、隠居した大名や跡継ぎが住む中屋敷、下屋敷という種類があった。当たり前の話だけれど大名のいるところには大勢の使用人がいて、彼らもそこに住んでいるわけだ。現代のマンションではないけれど、大名屋敷というのは巨大な集合住宅だったのである。それに大名というのは自らの藩が豊かで栄えていることを他藩に見せつける必要があったから、大名行列が豪華になるのと同じ理屈で屋敷も広く豪華なものになる。なので各藩の上屋敷や中屋敷はどれも巨大で豪華な建物になった。古い時代劇映画を観ると、襖を開いて隣の部屋に進むとまた襖があり、その襖を開くとまた同じような間取りの畳の間と襖があって、という表現でどこまでも続く武家屋敷の広さを描いた描写があるが、今思うとあれは大名屋敷の広さを上手くあらわしている。特に江戸時代の初期には各藩が競い合って藩邸、屋敷を豪華に飾りつけたという。後に幕府が武家諸法度により、あまり派手にならないように制限したけれど、元はと言えば幕府が諸大名に与えた土地である。広い土地があるならば贅沢に使いたいと思うのは人情だろう。諸藩がみずからの豊かさを競い合うような社会の構造をデザインしたのは幕府である。そしてそれは、まんざら悪くはなかった。戦国時代のように各地の有力者が武力で競い合うよりも、贅沢自慢で競い合うほうが平和なのは間違いない。問題は、江戸＝東京に残された広大な武家の土地をどうするかということだった。

江戸城が引き渡され、江戸が維新政府のものになったとはいえ、新たに警察組織を作る余裕などなかったから、当面は従来通り町奉行が江戸の治安維持に務めることとなった。武家社会は崩壊し、内戦があったばかりの江戸は荒廃していた。明治元年の段階で多くの武家とその家族は江戸を引き払い故郷へ戻ったが、何しろ江戸の武家屋敷は規模が大きい。藩邸の管理や雑事のために江戸からすぐには離れられない人もいて、百人単位で住めるようなだだっ広い屋敷に数人が寝泊まりするというような誠に寂しい状態である。新政府はこれらの武家地をどうするか？という問題に直面した。ただ、新しく近代化、西欧化された首都を作るという前提で考えると、広大な諸藩の屋敷が空白になり人口密度も一旦下がった江戸という土地は、大阪や京都よりもあれこれと手を加えるための可能性があったのは事実である。一時は大阪を首都にする計画もあったが、財力のある大阪の町人から土地を買って、官公庁を新たに建設するような経済的余裕は当時の新政府にはなかった。明治元年から東京府知事を務めた大木喬任《たかとう》は次のように語っている。

己が参与から東京府知事の兼任を命せられた当時、第一に処置に困つたのは、旧大名及幕府旗下の士の邸宅である。塀は頽れ、家は壊れて、寂寞たる有様。是れが東京府の大部分を占めて居つたのである。で、己は此の荒れ屋敷へ桑茶を植へ付けて殖産興業の道を開かうと思つた……（『奠都三十年』博文館、一八九八）

大木は肥前国佐賀藩の出身で、東京府知事としては二代目にあたる。彼の先代、つまり初代東京府知事は尊王攘夷派の公家であった烏丸光徳《からすまるみつえ》。烏丸は最初にして最後の江戸府知事でもあった。ややこしいので少し整理しておくと、徳川幕府最後の将軍である徳川慶喜が将軍職辞職を申し出た、いわゆる大政奉還が慶応三年（一八六七）の旧暦で十月、慶喜が実際に将軍の座から降りて幕府が廃止されることになった王政復古の大号令が同年旧暦十二月。明治五年までは旧暦が使われていたのでわかりにくいのだが、明治という元号が制定された一八六八年は慶応四年である。この年の九月八日に明治に改元されたので、慶応四年＝明治元年とされる。

大木喬任

その慶応四年の七月、まだ東京という名称ができる前に新政府は江戸府を設置、その初代府知事が烏丸だったわけだ。同じ年の九月には江戸は東の京、東京府になった。なので烏丸は初代江戸府知事からそのまま初代東京府知事になり、しかもその年のうちに知事を辞職して京都に帰っているから、何とも慌ただしい状況だったことが窺える。

明治維新の推進力となった薩長土肥の出身であり、幕末から勤皇派として精力的に行動していた大木喬任の知事抜擢は妥当な人選に見えるけれど、本人の弁を見ると、周りからこの大役を押し付けられたような印象もある。

東京遷都か、東京奠都か

そもそも東京という新しい名前ができた段階では、まだ新政府の首都をどこにするのかはっきりと決まっていなかったのである。大久保利通は大坂、つまり今の大阪への遷都を主張していた。大久保は京の都から天皇を動かさないと、公家が天皇を囲い込んでしまう恐れがあると考えていたのである。それに、大政奉還の時点ではまだ江戸城が開城していなかったから、選択肢としては大坂しかない、というわけだ。京都と大坂は距離的には近いけれど、山に囲まれた京都と、港のある大坂では気風がかなり違い、この違いは明治維新から百五十年を経た今でもはっきりとある。大久保は、他国との外交や富国強兵のためには海に向かって開かれた大坂という土地が適切だと主張した。それに、大坂には金のある商人が大勢いたのだ。勝海舟らの活躍で江戸城は無血開城されたとよくいわれるけれど、実際には戊辰戦争が起きたし、彰義隊の戦いで江戸の地は荒れた。これらの争いで使った大砲などの軍備は外国から買ったものだから、この時点で旧幕府も新政府も金がなかった。大久保は大坂商人の財力を当てにしていたのだ。テレビでは周期的に徳川埋蔵金の話が出てくるけれど、もしも埋めるほどの財産があったのなら徳川幕府は続いていただろう。

大久保が懸念していたように、昔から京都にいた公家たちは京都から動きたくないわけだ。そして新政府は東京を新たなる帝都にしようとしていた。東京府知事にされてしまった大木などは、当然のことながら東京を推す。大木の言葉をもう少し引用しよう。

人情と云ふものは妙なもので、公卿衆は何んにせよ京都が墳墓の地であるし、殊に生活の方法から、総べて京都的であるから、遷都に反対したのは無理もない話、併し各藩の徴士の中でも、京都に長く居つた連中は、其土地の風景や、生活の慣習に知己になつて、何んとなく京都がなつかしく、其れ故遷都に反対するものもあつた。其れの反対で東京に来て居つた各藩の連中は、皆東京風に化せられてしまつて、何時までも東京に居りたいやうな心持になり、頻りに遷都論を唱道した。だから表面は成程天下の利害得喪を論じて、東京奠都《てんと》

の議を唱えたに違ひないが、内実は大に人情の異同が、関係して居ったものである。（同前）

明治三十一年とは思えないほど読みやすい文章である。聞き書き、つまり口述筆記という形式だったから、期せずして言文一致体になっているわけか。大木の言う、京都が墳墓の公卿という表現は東京府知事の前任者でありながら京都にさっさと帰った烏丸の存在を思い起こさせる。なお、文中にある「各藩の徴士」というのは、諸藩の藩士の中から選ばれて新政府の官吏となった人たちである。明治のごく初期にあったこの徴士制は、かつての武士たちが藩士から朝臣に変わるための一時的なシステムであり、また新政府で圧倒的な権力を握っていた薩長以外の藩から優れた人材を集めようというシステムでもあった。大政奉還の直後においては、まだ薩長に対して反感を抱く者も多く、そういう人たちは、新たに権力を握った薩長の人間に使われることに抵抗があった。そこから生まれるであろう軋轢を避けるため、徴士たちは藩士の身分のままで、維新政府の官僚でもあるという、なんとも微妙で重層的なポジションとなった。ある意味、一時しのぎの政策ではあったから、徴士制はさほど長くは続かなかったけれど、結果的にこれが日本の近代官僚制の先駆けになった。

つまり徴士というのは、いろんなところから集められた仕事のできる有能な人たちだったわけだが、にもかかわらず優秀な彼らも人情や気分に流されることが多かったと大木は言っているのだ。それに比べると、人情に流されずに大坂遷都を主張した大久保利通はなかなかクールである。ただし、大久保よりクールに事態を捉えていた人もいた。後に日本の郵便制度の礎を作った前島密《ひそか》は、大坂の道路が狭く人家が建て込んでおり、道路を拡張して新たな官公庁などを建設するのが難しいことを説く手紙を大久保利通に送った。大久保もこれには感銘を受けたという。

大木喬任や江藤新平は佐賀藩からの意見として東西二京案を出した。これは要するに天皇が西と東を行ったり来たりするという折衷案である。参勤交代があった時代の人ならではの発想だと思う反面、近い将来に鉄道で東西がつながることを視野に入れた、これはこれで相当斬新なアイデアだった。もしもこれが成立していれば、鉄道をはじめとした各種のインフラが早い段階から飛躍的に発達していた可能性がある。実際、このアイデアは実現する可能性があった。ところが天皇が東に移動するとなって、京都の人たちから「これは実質的な遷都ではないか」という趣旨の反発が起こった。その気持はわからなくもない。京都は千年もの間都だったわけで、その間、それ以前の都であった奈良の平城京や長岡京に戻ることはなかった。都というのは滅多なことでは移動しないし、もしも一度でも都が東に移動したら、二度と西には戻らないのではないかという思いがあったのだろう。そして実際に天皇家は東京に定住してしまうのだけれど、このあたりのことは、バタバタとなし崩し的に決まった感がある。

大政奉還からの短い期間、天皇は京都、東京を行ったり来たりしているような時期があり、あれやこれやで東京にいた天皇は明治元年の十二月に一旦京都に戻る。この時点では東西二京の予定である。翌二年の二月にふたたび東京に赴くことになり、まず太政官を東京に移すと布告、先に政治機関を東京に移動したわけだが、京都市民の間ではこのまま都が東に移るのではないかという騒ぎが絶えなかった。市民が動揺するなか、三月には京都から東京へと向かう。この時点においてもまだ東西二京が前提である。京都市民の反感を和らげるため、このときは一旦伊勢神宮に寄り道をした。天皇の後を追って皇后が東京に到着したのは十月のことだった。そしてそのまま京都に帰ることはなかったから、維新政府に対しては今でも何か騙されたような気分でいる京都市民がいるのは不思議なことではない。実際、この件に関して言えば京都民は騙されたようなもので、烏丸なぞもそう思っていたのかもしれない。

この時期の資料を読むと「遷都」ではなく「奠都」という言葉が使われている。「遷都」とは都を他の土地に移すことである。それに対して「奠都」は都をある土地に定めるという意味だ。つまり京都から江戸に「遷都」した場合、都は移動してしまい京には戻らないということになってしまうのだけれど、江戸に「奠都」した場合、京の都はそのままで、江戸を新たな都と定めることが可能になる。このロジックが東西二京を成立させるわけだ。何だそれは屁理屈ではないか、と現代に生きる僕なぞは思ってしまう。「奠都」と言いながら都は京には戻らなかったわけで、事実上の「遷都」が行われたのだから京都の人は納得できないだろう。明治天皇自身、当初は東西二京のつもりで東京にやってきて、そのまま東京にいるうちに京都に帰る理由がなくなって、なし崩しに東京が首都、ということになってしまったようなふしもあるのだ。大木によると、江戸に都を置いたのは、この時点で東北の諸藩がまだ不安定な状況だったから、という面もあったようで、だとしたら天皇はいずれまた京に帰る気はあったのだけれど、都合により旧江戸から動けなくなってしまったわけだ。

大久保、大木、江藤、前島、皆優秀な人たちであるが、状況があまりにもバタバタしていた。皆が皆、駆け足で生きていたので誰も追いつけないような速度で世の中が変化していったのだと考えるしかない。そして国家の上層部がバタバタしているうちに、江戸の面積の大部分を占めていた武家屋敷は住民たちが故郷に帰る事になって人口がグッと減り、豪華だった屋敷は荒れていった。戊辰戦争、彰義隊の戦は長い間平和だった日本にとっては本当に久しぶりの内戦だったので、異変を察した各藩の武士たちがさっさと故郷に帰ってしまったことは先に述べた通り。問題は帰るところのない江戸の旗本たちである。

そこで新政府は彰義隊の変の後ですばやく、旧来の江戸の旗本たちに対して明確な意思表示をした。新政府に逆らわず朝廷方に仕えようと努めた旗本たちに対しては、従来通り住んでいた屋敷に居てよいと通達したのである。これは賢明な措置だった。明治維新を動かしたのは、薩長というわば田舎者の武力である。だからこそ大政奉還が成った後も新政府に反発する者は多かった。都会育ちの人間は田舎者に偉そうにされるのを嫌がる。徳川時代から参勤交代で江戸に来た人たちは、そこで暮らすうちに都会の生活に順応しきって、故郷の人たちとの間に少なからぬ齟齬が生まれたという話もある。太田裕美の『木綿のハンカチーフ』ではないけれど、都会は人を変えるのだ。薩長の人たちもまた、江戸から東京に代わった新首都で都会の絵具に染まってゆくのだけれど、それはまだ後の話。

革命やクーデターというのは時勢の勢いでやってしまえる場合があるけれど、いざ政権を転覆した後で浮上するのはちまちました日常のあれやこれやをどう処するかという話になる。先に書いたように、この時点ではまだ新しい首都、天皇の所在地が江戸になるのか大阪になるのか、それとも京都から動かないままなのか、まだ決まっていないのだ。ここでまた、大木の言葉を引用しよう。

其様云ふ風で、随分種々な議論も出たが、結局京都の人気を東京へ向けなけりやならん、此れには何んな方法を講したら能からふか、之れが遷都論者の苦心であつた。で、先づ、東京へ京都人の人気を向けるのには、暮し向の方から誘ふのが能いと云ふので、夫《か》の岩倉公が、当時の会計官の有司島義勇に命じて、旧諸侯及幕府旗下の士の邸宅を修繕して、之を上下の有司に無代価で貸与へることにした。(同前)

これは上手い手だった。というのも、京都には借家暮らしの役人が多く、東京に行けば無料で大邸宅が借りられるというのは、とてつもなく魅力的だったろう。ただし、幕末からの短期間であばら家と化した武家屋敷を修繕するためにけっこう出費がかさんだという。この時代の資料を読むと、とにかく何をするにも金が要る、しかし新政府には金が無いという話が多い。金は無いけどやらねばならぬ、それが明治維新だ。

大木の文中にある岩倉公というのはもちろん岩倉具視《ともみ》、島義勇《よしたけ》は大木や江藤新平と同じく佐賀藩出身。大木、江藤より年かさだったが佐賀藩の藩校、弘道館で彼らとは面識があったようだ。この人は明治二年から開拓使判官として蝦夷・北海道に赴き、まだ無人の原野であった札幌を本府と決め、壮大な開拓計画を立てたので、後には北海道開拓の父とまで呼ばれたが、志半ばで解任され本州に戻った。その後、明治七年に江藤新平と共に佐賀の乱を起こし、斬首された。島も江藤も反逆者として処刑された後に政府によって名誉回復されているのは、西南の役における西郷隆盛のケースと似ている。島も江藤も西郷も、確かな実績があり国元には支持者も多い。いつまでも逆賊扱いしておくわけにはいかなかったということか。明治初期の士族反乱は、明治維新という一種の内戦が生み出した齟齬のようなものだろう。その齟齬を解消するためには長い時間がかかった。

広すぎて誰の手にも余る、武家屋敷の処分問題

彰義隊の変が収まると維新政府は江戸に鎮台府を起き軍政を敷いた。三条実美《さねとみ》が鎮台府の中心として古き江戸幕府の後始末を推し進めることになる。

明治元年七月、旗本の徳川家臣はもとより、町民であっても旧幕府から受領地をもらっていた人々から土地を没収する上地命令が出された。これは鎮台府と、江戸の町奉行所を母体とした市政裁判所の命令である。没収というのは穏やかでない話だ。だが、この時点で幕府に見切りをつけて朝廷側についていた旧旗本に関しては土地を免除するという方針があった。旗本の中でも石

高の高い武士たちは、江戸城が明け渡された時点でもう徳川幕府に未来はないと考え、早い段階で朝廷側に寝返っていたので、その層からは不満が出ないように配慮されていたわけだ。飴と鞭は使いよう、ということか。

さて、明治維新直後の江戸・東京の広大な武家の土地を如何するかについては、あまり資料が残されていない。昭和四十年に東京都の都政史料館が発行した『都史紀要13　明治初年の武家地処理問題』を見ると、土佐藩出身で、東京府判事から伊藤博文内閣で農商務大臣を務めた土方久元《ひじかたひさもと》の伝記『土方伯』を紹介し、ここから多くを引用している。土方は短期間だが当時南市政裁判所の判事として、町奉行の仕事をそのまま引き継ぐポジションにあったので、残された資料の少ない混乱した時期の貴重な記録となっているのだが、ありがたいことに大正二年発行のこの本が今なら国会図書館のデジタルコレクションで読めるのだ。これによると、江戸城の外郭門の一つ、幸橋御門の内側にあった大和郡山藩主の柳沢屋敷が安政の大地震以降に建てられた丈夫な屋敷だということで市政裁判所の土方と西尾遠太郎が見分に赴き、柳沢には代理の土地屋敷を賜って、ここを東京府とすることになったという。このように、政府が大名に他の土地を与えて昔から持っていた土地屋敷を接収するというケースがあった。ちなみに、今ある内幸町という地名は幸橋御門の内側という意味である。

江戸城を取り巻く外堀の内側を郭内、内郭と呼び、その外側を郭外、外郭と呼ぶ。この言い回しは、元々は単なる町中の区切りとして使われていたようなのだが、維新政府はこの郭内郭外という概念を上手く利用した。

江戸の城内の旗本の邸も、総て朝廷に属し、幕臣であつて朝臣を願ふものには、新に邸を賜はると云ふことであつた、尤も筋違見付とか、昌平橋外とか或は小石川見付外、虎の門外の如き外廓に在る邸は、本人に下つたので、住むなり売るなり勝手にせよと云ふことで、御門の内は皆お取上げになつたのである……（『土方伯』）

つまり江戸城を中心として、外堀の内側にある土地と屋敷は全部政府のものだから全部取り上げますよ、ということである。外堀から見て外側の土地に関しては本人のものだから好きにしてよい、ということになる、これはわかりやすい。

ところが、ここで興味深いことが起きる。本来は江戸城外堀の内側とされていた郭内の定義が新政府の都合で変更されたのである。東は両国川筋まで、南は芝口新橋川筋までの、とても御門の内側とは言えないほど広い範囲が「郭内」ということになった。この変更により、東京湾沿いの比較的大規模な屋敷のある一帯までもが上地の対象になったようである。誰が考えたのかはわからないが、なかなか小狡いことをする新政府である。これは明治元年の八月のことだった。ところが何か問題があったのか、あるいは政府の勝手なやり方に苦情でも出たのだろうか、翌明治二年にはふたたび「郭内」の定義が書き換えられて、今度はぐっと狭くなった。この辺の事情はよくわからないのだが、朝令暮改という言葉にふさわしいバタバタした状況が窺える。東京に残された広大な武家地跡を如何に役立てるべきか、まだ展望が立っていなかったと思われる。

『土方伯』を読み進むと、さらに面白いことが書かれていた。それぞれ南北の奉行所を任せられて、初代東京府知事となった烏丸光徳の下で働くことになった土方と西尾遠太郎だったが、二人とも烏丸と意見が合わず度々衝突したという。

「貴公の様な長官を戴いては、我々は御奉公が出来ぬ！」と土方が言えば、売り言葉に買い言葉で烏丸府知事も「御前どもの様な人々とは一緒に勤めることは出来ぬ！」と言い返したので、カッとなった土方、西尾の両名はその足で馬を駆って三条実美、大久保利通のところへ行って「どうもあァ云ふものと一緒に勤めることは好まぬ」と言ってそのまま帰ってしまった。

上役が気に食わないからさらに偉い人に直訴したわけだ。これには三条も大久保も困ったことだろう。とはいえ烏丸の方が上役なので、すぐにはどうすることもできない。東京府はできたばかりでまだ足並みが整っていないのである。しかも、土方が仕事をほったらかしにしたので、烏丸は彼への当てつけに、土方の居る南町奉行所にわざわざやってきてこれ見よがしに事務仕事をする。これがまた気に食わないので土方は、部下の与力に「俺様はここにいるのが気に入らないので、どこか他に住む所を探したい。どこかよいところはないか」と訊ねた。これに対して与力は「駿河台の小栗豊後守の邸が空いております」と答えた。小栗忠順《ただまさ》といえば万延元年（一八六〇）の遣米使節目付としての渡米経験があり、外国奉行、勘定奉行の経験もある、つまり外交、財政といった面において末期の徳川幕府を支えた有能な人物だったが、大政奉還以降、戊辰戦争においては最後まで維新政府と戦う気でいたために捕えられ、岩倉具視の食客であり神道無念流の剣客でもあった丹波国園部藩出身の原保太郎《やすたろう》に首を斬られた悲劇の人である。この小栗の屋敷に家来を下見に行かせたところ、空き家になったはずの小栗屋敷に何故か兵隊たちが住んでいるという。見ればどうやら旧幕府の兵隊たちのようである。そこで、「ここは小栗の屋敷なのですが、皆さんは誰からここを借りてらっしゃるのでしょうか？」と訊ねたところ「誰から借りたわけでもなくて、ただ空き家だったから住んでいるだけです」という返事があったので、事情を説明して南町奉行所の土方がここに住む予定だと告げると、住んでいた連中は平身低頭して「どうかわれわれが無断でここに住んでいたことは内緒にしてくだされ」と言って逃げるようにいなくなったという。

まったくもって無秩序な状態だったのがわかると同時に、旧幕府から新政府に乗り換え損ねた侍たちが生き辛い思いをしていたのが伝わってくる。彼らとは逆に土方は、新政府で要職についていたからこそ、好き勝手に自分の住処を選べたわけだ。無事に新たな家を見つけた土方だったが、この小栗の屋敷がまた途方もなく広すぎた。この時期の駿河台は他の屋敷も空き家ばかりの草ぼうぼうで盗賊の棲み家になっていると噂が立つほど治安が悪く、土方は土佐藩出身の南部《なんぶ》甕男《みかお》を呼んで「俺は馬場だけあればいいから、屋敷は貴様にやる」と言ったところ、「それはありがたい」と南部が引っ越してきたはよいが、二人とも女っ気がなく、書生と下僕と飯炊きしかいない。一ヵ月ほど生活した後で「あまりにも広すぎて怖くって居られない！」と南部は逃げ出してしまった。

南部は坂本龍馬も関わっていたことで知られる土佐勤王党にいた人である。それが、広すぎて怖いというのはあまりにも情けないが、江戸の武家屋敷はそれくらい広かったのだ。それが一旦空き家になって寂れると、よほど不気味な空間になっていたのだろう。その後も、福井孫四郎という、これは南部とは違って妻のいる位の低い役人に屋敷を貸したところ、当初はたいそう喜んでいたのがしばらくすると、やはり怖すぎて住めないと言って逃げ出してしまった。

馬に乗るのが好きだった土方は、広い敷地だけあればよいと屋敷は朝廷に返上してしまった。

この時代ならではの豪傑な男だが、烏丸が東京府知事を早々に辞して京都に帰ったのも、この土方にいびられたからかもしれない。いささか脱線したけれど、とにかく資料となるものが少ないので『土方伯』の記録は参考になるし、読んでいて滅法面白いものである。

市島謙吉

昭和二年に刊行された明治初期の貴重な逸話を収録した『漫談明治初年』（同好史談会編、春陽堂刊）という本から、戦前の衆議院議員だった政治家、市島謙吉《いちしまけんきち》の発言を少し引用する。

この時分政府から、大臣格の人達へ邸宅を賜つた。この頃大臣連で、東京に家を持つた人は一人もない。最初は多く皆宿屋住居《ずまい》だつた。三條〔条〕さんも岩倉さんも、京都にこそ屋敷はあるが、新都へ来ては、殆ど何屋敷もない有様、まして九州その他からの出身の、西郷、桐野、井上、大隈などは、勿論屋敷はない。そこで朝廷から邸宅を賜つたが、それはいづれも、坪数は広いのもあるが、非常に荒廃したものが多かつた。

市島によれば、大隈重信が朝廷から賜った屋敷は、元々は江戸の旗本戸川安宅《やすいえ》の屋敷で後に築地場外市場となる場所で、五千坪にも及ぶ広大な敷地であった。豪胆な性格で知られた大隈の邸宅には伊藤博文や井上馨ら大勢の仲間が集い政治談義を繰り広げたと言われ、彼らを『水滸伝』の豪傑たちに見立てて、築地梁山泊と呼ばれた。元の地主である戸川は明治維新の際にはまだ十四歳の少年だったが、彰義隊に参加し、上野で負け戦を体験した。その後一族とともに領地の岡山に住んでいたが翌年には領地を返納することになり、江戸に戻ってきたらかつての屋敷はすでに取り上げられ、大隈が住んでいたという、まだ二十歳前なのに踏んだり蹴ったりの目に遭ったが、この人は後にキリスト教の洗礼を受けて牧師となり、さらには文学者として戸川残花の筆名で翻訳、詩、小説、歴史書など幅広く活躍し、大正の初期まで息の長い活躍を続けた。

　梁山泊を手に入れた大隈とは対照的に、賜った土地で失敗したのが長州藩出身の井上馨だ。井上の屋敷は今の兜町、江戸橋ジャンクションのあたりだったが、その頃は楓川《もみじがわ》という昭和四十年頃に埋め立てられてしまった川が流れる草深いところで、白昼から泥棒が出没するほど物騒な場所だったという。屋敷の規模はなんと一万坪、大隈重信邸の倍もあって、屋敷なのか野原なのかわからないほどだったという。あまりにも広すぎて、とてもこんな所には住んで居れないと井上は政府に返納してしまった。政府はその後、件《くだん》の土地を三井に払い下げ、明治六年には第一国立銀行、明治十一年には日本初の証券取引所である東京株式取引所が創立されて、今に至る日本経済の中心地となるわけだが、それに従って井上が住んでいた時代には二束三文だった土地の値段も高騰したので、井上はあの土地を手放したのは失敗だったと大層悔やんだが、周りの人々からは、お前が手放したからこそあの土地は栄えたのだろう、と言われたそうな。ちなみに井上は、明治六年に江藤新平らとの対立により政界から一旦離れて実業界に身を投じ、翌七年には三井組と関わって三井物産の前身たる先収会社を設立している。ケンカ相手の江藤新平は、その明治七年に佐賀の乱を起こし若くして処刑されたが、井上の方は悪評を立てられたりもしながらも、ちゃっかりと八十近くまで生きた。

混乱が続いていた中で明治二年に桑茶令が発布される。東京には広大な空き地があるから、そこで桑とお茶を栽培すべしというお触れである。東京からほど近い甲府には養蚕のノウハウがあったので、東京のあちこちが桑畑、茶畑になったらしいのだが、ちゃんとした方針が定まっていなかったようで、これはすぐに終わってしまった。当時の日本の産業を考えると、絹糸は重要な輸出品になり得るし徳川幕府も養蚕業を後押ししていたので、桑茶令は賢明な政策にも思えたが、ほんの二年ほどで取り消されている。その辺の事情を調べたいとは思いつつも、これも資料が少なくて概要がつかみにくいと思っていたら、『奠都三十年』で大木喬任が大事なことを語っていた。

で、己は此の荒れ屋敷へ桑茶を植へ付けて殖産興業の道を開かうと思つた、今から思ふと馬鹿な考へで、桑田変じて海となると云ふことはあるが、都会変じて桑田となると云ふのだから、確かに己の大失敗であつたに相違ない。併し己は外の者よりも、自分の失敗を早く悟つて、そして其過を改むるに憚らない男であつたから、此方策が過つて居るのを自覚すると同時に、ドーカして東京を帝都にしたいと云ふ考が起つた。（『奠都三十年』）

1875年頃の銀座

桑茶令を考えたのは大木だった。失敗の詳細は詳しく書かれていないが、この時点ではどうも茶葉も絹糸も輸出が軌道に乗らなかったらしい。それに一時は荒れ果てていた江戸が、東京になってからは次第に復興し始めて、大木の想定よりも早く回復しつつあったので、桑茶畑の並ぶ田園風景は首都には似つかわしくなかった。明治四年に通算四代目の府知事になった由利公正は、桑茶政策を廃止して東京の都市化を進める。彼が就任した翌五年の二月、和田倉門内兵部省添屋敷から火が出て銀座、築地のあたりを焼き尽くす大火事、通称銀座大火が起きたために、銀座を火事に強い煉瓦造の街にすることになったのである。日本の煉瓦製造は幕末の長崎にはじまるが、明治元年には大坂貨幣司、後の大阪造幣局が着工、この建物に使われた煉瓦は鴫《しぎ》野《の》や堺といった地元で焼かれた。造幣局を大坂に置いた理由はいくつか考えられるが、明治元年の時点では東京は上野の戦争もあって荒廃しており、大坂が首都になる可能性もまだあった。それに大坂の商人たちは力を持っており、王政復古に大きく貢献した。造幣局の設計監督をしたのは今も長崎のグラバー邸に名を残すトーマス・ブレーク・グラバーのところにいたアイルランド出身の建築家トーマス・ジェイムズ・ウォートルス。この人は香港で英国王立造幣局の建築に携わり、そこから日本で西洋建築を広めるために慶応元年（一八六五）に鹿児島に渡り、叔父の知り合いであったグラバーとつながった。ウォートルスは大隈重信らに気に入られて明治三年には大蔵省に雇われた。銀座大火の後の銀座を煉瓦の街にしたのも彼の功績で、銀座を作った男とまで言われており、日本近代建築史では幕末から明治十年頃までの時期を「ウォートルス時代」と呼ぶ。そこまでの大物であるにもかかわらずウォートルスには謎が多く、詳細な伝記的事実はあまり知られていない。幸いなことに近年になってウォートルスの研究が大きく進み、『日本近代建築家列伝』（鹿島出版会）を書いた丸山雅子の手によって『ウォートルス伝』が書き進められ

トーマス・J・ウォートルス

ている。実のところ、ウォートルスは後に来日したコンドルのような建築の専門家ではなかったらしく、明治十年には日本を離れてしまうのだが、専門家でなかったにしてはこの男が日本の建築史に残した足跡はあまりにも大きいのである。日本を出た後は、上海からニュージーランドを経由してアメリカにたどり着き、コロラドで金や銀を掘っていたという、なんとも波乱万丈の人生で、職業は冒険家というのがふさわしいのかもしれない。彼の墓地はコロラドにある。

ウォートルス以外にも長崎製鉄所の建設を監督したオランダ人ヘンドリック・ハルデス、横須賀造兵廠や灯台の建築を指導したフランス人レオンス・ヴェルニー、日本の灯台の父と呼ばれたスコットランドのリチャード・ヘンリー・ブラントンなど、幕末から明治の日本に貢献した外国人は大勢いた。彼らが活躍したのはもちろん明治時代だが、開国した直後の元号が明治になる以前から大勢のエンジニアが日本にたどり着いていた。開国後の日本は、近代化、西欧化が最大のテーマだったので、何らかの技術を持った外国人は重宝され、高い収入を得ることができたこともあり、明治維新後はさらに大勢の外国人がやってきた。とはいえ日本は西欧から見ると極東の辺境国であり、幕末には生麦事件などもあったから、外国人にとっては治安のよい場所には見えなかったろうが、土木、建築、医学、農業、軍事、法律とそれはもうさまざまな分野のエキスパートがやってきて、日本の近代化に貢献した。

その中にはジャーナリスト、英語教師として活動したパトリック・ラフカディオ・ハーンのように日本で妻帯し日本国籍を取得して東京の墓地に埋葬された人もいる。ハーンこと小泉八雲《やくも》の墓は雑司ヶ谷霊園にある。そしてこの時代、日本から出てゆく日本人も多かった。彼らの何割かは帰国して外国で学んだことを日本に広めた。その一方、海外に出たまま日本には帰らず、現地で残りの生涯を過ごした人もいたろう。外国から来た技術屋たちが国内で活躍し、何らかの志、もしくは欲望を抱いた日本人は外国へ出てそこで活躍する。日本の近代化とはそういうことだった。

もう少し、武家地の処理問題について調べてみよう。明治二年六月十七日、昔からの公卿と共に、旧大名、旧藩主たちは一斉に華族となった。さらに翌三年十一月、元大名で華族となった者たちは、知事として国許にいる場合を除いて、全員東京に居住すべしという命令が下りた。これはなかなかに画期的な政策であったが、ただ単に昔からの大名を優遇し特権階級に据えたわけではない。郭の内と外に分けて内側は上地と称して新政府のものとし、外側は好きにしてよいということにしたわけだが、郭外にはまだまだ武家屋敷がたくさんある。新政府はその土地が欲しかったのである。この時期、政府の中では新しい官庁、つまり新規の国家機関がいくつも生まれていた。それぞれに庁舎を用意せねばならないのだ。しかも兵部省などという、金も土地も大いに必要な機関を作ってしまった。兵部省とは何かというと、この省庁の中には陸軍部と海軍部があった。兵部省自体は明治五年に廃止されて陸軍省と海軍省になり大日本帝国陸軍と大日本帝国海軍になった。つまり、国家を運営する上で一番お金のかかる部署、軍隊である。これについては後ほど詳しく語る。

大名屋敷というのはどのような大名であっても上屋敷、中屋敷、下屋敷と最低三つは必ず持っており、中にはそれ以上に四つ五つと屋敷を所有する大名もいたのである。そしてこの時点で、多くの大名屋敷が草ぼうぼうで荒れていたことは先に述べたとおりである。当たり前の話だけれど当時の道路は舗装されていないわけで、放っておくと細い路地や建物の軒先などにはあっという間に雑草が生い茂る。植物の繁茂する力というのは凄まじいもので、現代のアスファルトで覆われた道路ですら突き破って伸びる草を、われわれは見たことがあるはずだ。高温多湿な国土の宿命である。都市というのは常に人の手で整備されていなければならない。新政府としてはこれを放置しておくわけにはいかず、荒れつつある大名屋敷を壊して建て替えるか、整備して使える状態にするか、とにかく国の手で管理したいわけだ。さりとてすべての旧大名屋敷を上地という名目で藩主たちから取り上げた場合、旧大名たちからどれだけの不平不満が出るかわかったものではない。大政奉還で新政府が生まれたとはいえ、日本全国の旧藩主はそれ以前と変わらず各々の土地を治めている、その地域では最大の権力者である。そしてその中には、いまだ新政府に反感を持つ者も多かった。実際問題として西南の役が終結するまでの間に、佐賀の乱や萩の乱などの士族反乱が勃発している。明治維新前後の動乱はまだ完全に治まってはいないし、新政府の中にも不満分子はいた。

こういった旧大名たちとその土地の扱いについて、明治三年に東京府はあれこれ考えた末、各藩邸につき、官邸一つ、私邸一つは所持してよろしい。それ以外は上地として政府に差し出すように、という方針を打ち出した。知事として旧支配地にいる旧大名は、そのままスライドして新政府の役人ということにして、彼らの立場を奪わないようにすると同時に、それ以外の旧大名たちは東京府に住めるようにする。東京を新たな首都として新政府の基礎を安定させるための政策であり、旧大名たちとの巧妙な駆け引きだった。多くの旧大名はこの駆け引きに乗り、新政府についた。そして政府は明治四年に廃藩置県を行い、旧藩体制を根こそぎ解体しようとしたが、これがまた地方の士族の反発を招いてしまい、後の士族反乱につながった。まったく、新しい国家をまとめるというのは大変な労苦を伴うのだ。

大名屋敷の跡地、操練所や練兵場に

明治四年、兵部省は皇居を取り巻く半蔵門から三宅坂、霞ヶ関あたりの旧大名邸地を没収して兵営を築き、日比谷に操練所・練兵場を作る方針を固めた。軍備を強化し、天皇所在地である皇居を守るという目的である。この時、兵部省が東京府に要求した土地は他の省庁が必要とした土地よりも遥かに広かったので、立ち退きを要求された旧藩主たちとの間でいろいろとトラブルがあった。この土地には今も日比谷公園内に跡地の残る佐賀藩鍋島家、萩藩毛利家、吹上藩有馬家、盛岡藩南部家など二十数軒前後の大名屋敷があったから、それぞれの旧藩主と交渉する必要があったわけだ。土地を取り上げる代わりに、別の土地を用意してそれを与えるといった、手間のかかる仕事である。この時の兵部省は軍用地の確保に必死で、早く土地を明け渡せと促したが、抵抗する藩も出てくる。旧広島藩などは東京府からの上地命令に対して霞ヶ関の土地を六千九百五十両で買ってくれないかという交渉をしてきた。前述したように、この時点で旧大名・華族には東京に住むようにというお触れが出ているわけだ。それなのに、土地を取られては東京に住めないではないか。だから金を出せ、という理屈である。これには逆らえず、東京府は広島側に金を払い、愛宕下《あたごした》にあった元苗木《なえぎ》藩邸を広島県出張所として与えることになった。さりとて新政府に潤沢な金があるわけでもないから、さっさと広島に金を払えと主張する兵部省に対して、大蔵省が金を出し渋る、などというゴタゴタもあったようだ。

ともあれ、明治四年から日比谷の地に並んでいた大名屋敷は取り壊され、陸軍操練所となった。そして明治十八年に日比谷練兵場と改名されることになる。兵部省は明治五年に廃止され、陸軍省と海軍省に分かれたが、皇居の近くに陣取った陸軍とは対照的に海軍は築地のあたりの大名屋敷を吸収して、陸軍ほどではないが広い土地を占めるに至った。徳川幕府の海軍がもともと隅田川の河口周辺を本拠としていたので、これに準じたのである。

この時期の兵部省から陸海軍の発展は凄まじいものがあり、戦後の教育を受けたわれわれの目から見ると、非常にきな臭いものを感じるのだが、客観的に見てみると十九世紀というのはまだ西欧の列強が植民地の争奪戦を演じていたような時代である。実際、戊辰戦争で使われた兵器はイギリスやフランスから来たものだ。この戦い＝明治維新に伴う内戦が長引いた場合には欧米列強の武力介入もあり得たろう。その先に待っているのは植民地化である。新政府の中には、一刻も早く自国の軍隊を作り上げて軍備を強化せねば、いつ何時よその国から侵略されるかわかったものではない、という恐怖があったのだろう。だから陸軍省は操練所を早く作ろうと焦ったのだ。軍隊の体裁を急いで整えるのはよいけれど、この新しい軍隊には歴史と実戦経験がない。強いて言えば明治維新前後の内戦だけだ。ともかく軍部は早急にまともな軍隊が欲しかったのである。

そして、明治三年には兵部省の初代大輔《たいふ》で日本陸軍の創始者とも言われる大村益次郎の采配で大阪城に兵器製造工場である造兵司が設立されている。大村は前年明治二年に刺客に襲われ死んでいるから、これは大村の遺産のようなものだ。これが後の大阪砲兵工廠であり、太平洋戦争の頃には東洋最大の軍需工場にまで発展する。また明治四年には小石川の旧水戸藩邸の跡地に東京砲兵工廠ができる。輸入品の武器で戦った戊辰戦争からまだ二年ほどしか経っていないが、一刻も早く自国で武器を製造できるようにしたいという大村の意志、いや遺志が伝わってくるようだ。陸軍、海軍の創設と並行して自国で兵器が製造できるということは、日本の軍事力を海外にアピールすることにもつながる。ともかく、駆け足のような勢いで、日本は新しい近代国家を作ろうとしていた。ちなみに西南戦争では西郷軍を鎮圧するために使われた大砲は大坂の造幣司で製造されたものだ。亡き大村の遺産が、かつては同じ側にいた西郷を攻撃したわけである。

明治六年、西欧式「公園」の誕生

明治六年の一月十五日、太政官布達があって公園が誕生した。それでは、公園とは何かというと、これがちょっとややこしいのである。いわゆる公園のようなものは江戸時代からあった。江戸の庶民に花見の名所として知られていた上野の寛永寺、徳川吉宗の時代に享保の改革の一環として千本以上のサクラを植え、庶民の花見の場として一般開放した飛鳥山、境内に仲見世という商店街を備えていた浅草寺など、その多くは神社仏閣である（飛鳥山は除く）。太政官布達を受けて飛鳥山が公園に、さらに上野公園、浅草公園、芝公園、深川公園の五カ所が公園として指定された。東京以外では同じ明治六年に大阪の住吉公園、新潟の白山公園、岐阜の大垣公園などが公園指定されている。いずれも住吉大社や白山神社、大垣城など既成の建築物の敷地内を整備したものであり、既成の公共空間に公園という名前をつけただけとも言える。日本人による日本人のための本格的な公園が作られるのはもう少し後のことである。

実は、この太政官布達より前の段階で日本には西欧式の公園が存在していたのだ。明治維新に先立つ慶応三年、兵庫県の港町神戸の外国人居留地に作られた外国人居留遊園である。居留地の東にあったことから、現在は東遊園地として市民の憩いの場となっているが、その昔は外国人専用で日本人は入れなかった。これが日本で最初の西洋式運動公園とされており、園内のグラウンドでは外国人たちが野球やサッカーなどを楽しんだという。

開国に伴う外国人の受け入れは日本にとっては一大イベントで、大政奉還が行われる以前から徳川幕府があれこれ進めていた。安政六年（一八五九）に横浜港が開港し、山下町を中心に外国人居留地が作られた。それに伴い万延元年（一八六〇）にはオランダ人のフフナーゲルがホテル・フフナーゲルこと横浜ホテルを開業する。これは日本家屋の中にテーブルや椅子を配置したもので、これが日本初のホテルと言われている。その後を追うように、居留地にはイギリス人やフランス人の経営するホテルが作られた。慶応二年に発生した大規模な火災により、ホテルの大半が焼けてしまうが、依然として居留地は必要であったから、全体が洋風の建築として作り直されることになる。この復興を明治政府が幕府から引き継ぐことになった。この家事の火元となったのは港崎遊郭の入口にあったという豚肉料理屋の鉄五郎宅だったので、豚屋火事と呼ばれ、四百人以上の遊女が焼死したという。生々しい話だけれど、江戸の吉原遊郭をモデルに作られたこの港崎遊郭はオランダ公使からの要請で開設されたもので、ここにいた遊女たちは外国人の相手をしていたのである。しかし、四百人の遊女というのは凄い。

そうこうしている間にも在留外国人の数は増加し、山手地区にも居留地が増設される。東京府でも明治元年には築地鉄砲洲に外国人居留地を設営するが、それに先立つ慶応四年にイギリスの公使ハリー・パークスの要請を受けて築地に日本初の本格的洋風ホテルである築地ホテル館が建設されている。これは横浜居留地にあったような外国人による建築・経営のホテルではなく、日本人の手による本当に初の洋風ホテルということで画期的な建築物である。建設工事と経営は、大手ゼネコン清水建設の前身である清水組が行い、設計には横浜の外国人居留地で土木建築事務所を開いていたアメリカ人リチャード・P・ブリジェンスが関わっている。横浜西洋館の祖とも呼ばれるブリジェンスはかなりの建築イノベイターで、西洋建築の中に瓦屋根のような日本の伝統技術を巧みに取り込んだ。彼の協力がなければ築地ホテル館はできなかったろう。

この大事業を民間の手に委ねたのは、おそらく幕府に金がなかったからだろう。幕府は土地を提供するのみだったが、清水組の棟梁である二代目清水喜助もここまで大規模な工事を自社だけでやりくりするほどの資金はない。そこで幕臣小栗上野介忠順は清水に、一口百両で出資者を募り、ホテル完成後の経営利益から配当金を捻出してはどうかという助言を与えた。現代でいうPFI事業である。この策を考えた小栗は『土方伯』のところでも少し触れたけれど、遣米使節の一人として渡米経験があり、勘定奉行、外国奉行も務めた優秀な人物だったが、幕末の動乱期に新政府軍に捕らえられ築地ホテル館の完成を見ることなく斬首された。誠に惜しい人材である。

明治三年には横浜の外国人居留地に山手公園が作られるが、これも外国人専用の公園として各国の領事館から明治政府に働きかけて外国人が作ったもので、外国人が政府から土地をレンタルする形式だったので日本人は入れなかった。山手公園は日本ではじめてテニスがプレーされた日

山手公園絵葉書（1876年頃）

本のテニス発祥の地としても有名だが、その時にプレーしたのはもちろん日本人ではない。

こういった流れを鑑みると、公園というのは、西欧人が外国の技術や文化と一緒にこの国に持ち込んだものであることがわかる。東京を中心に日本の都市部を近代化、西欧化しようとしていた明治政府は、都市計画の一環として公園を導入したかったわけだ。それで太政官布達を出し、飛鳥山や浅草寺といった、江戸時代から公園のような役割を果たしてきた土地を公園に指定したのである。ところが、日本初の洋式公園といわれる日比谷公園が開園するのは明治三十六年のこと、最初の太政官布達で公園を作ると宣言してからざっと三十年もの月日が経過している。何故、こんなにも時間がかかったのかというと、当初の太政官布達が出た時点では既成の神社仏閣の境内を公園として整備する、という以上の発想がまだなかったからだと思われる。居留地の外国人公園は外国人のものだったし、それらと飛鳥山や浅草寺、上野の公園を結びつけて考える人もまだいなかったのではないか。それが、都市部の近代化が進むにつれて、そろそろ日本にも西洋風の公園を配置してはどうかという発想が生まれてくる。これが明治の中頃である。

ところが、いざ公園を作るとなった時に、工場や役所といった用途のはっきりした建築物と違って、理想的な公園のあり方というものをプランニングするのが難しかったのではないか。その時点では、まだ完全には出来あがっていない都市にふさわしい公園の姿を思い浮かべるのはかなり困難なことではなかったか。都市の人口密度が高くなると、市民は緑地を求めるという。維新前の江戸は地方から参勤交代で来ている人たちが大勢いる高密度都市だったので、飛鳥山や上野寛永寺といった緑の多いテーマパーク的な場所が栄えたわけだ。都市に住む人たちの緑への思いというのはことのほか強く、盆栽のような形で生活の中にミニチュアの緑地を導入したりする。浅草寺のほおずき市なども、都市生活の中で小規模な緑を楽しもうという文化である。ところが明治維新を境に東京の人口は一旦激減する。高密度だった江戸が、不完全で人口蜜度の低い東京になってしまったわけだ。少なくとも明治前半までの東京は半端に西欧化を目指した未完成な都市だった。そこに似合う公園は、徹底的に西欧化されたものがよいのか、それとも和洋折衷がよいのか。正しい答えは誰にもわからない。実際、日比谷公園が開園に至るまでには、相当な紆余曲折があった。なんといっても皇居のすぐそばであり、首都東京のランドマークとなる公園だけに、諸外国から見ても恥ずかしくない立派な公園にする必要があったために、日比谷公園の誕生はかなりの難産であった。このあたりのことは順を追って確認してゆくしかないが、日比谷公園の成立過程を理解するためには、まず外堀から埋める必要がある。大名屋敷を取り壊し、練兵場となったこの土地は、新首都東京の中心にあって、皇居ではないけれども一種の空虚な中心となるのである。

上野公園と博覧会――西郷隆盛の遺産を乗り越えて

その前に一旦、明治六年の太政官布達によって誕生した五つの公園について見てみよう。前述したように飛鳥山公園は徳川吉宗が設置した桜の名所だ。芝公園は元々は増上寺であり、深川公園は富岡八幡宮の別当、永代寺だった。浅草公園は浅草寺で上野公園は寛永寺だ。このうち浅草公園は、浅草寺の境内を「浅草公園」と称することになり、その後明治十七年に一区から七区までに区画され、浅草田圃と呼ばれた湿地帯を埋め立てて一大歓楽街となった。今は公園ではなくて七区の区画も廃止されたが、六区だけは名称が残っている。五つの公園の中では最も特殊なケースである。

日本の公園の歴史を考える上で重要なのは上野公園である。彰義隊の戦闘があったために明治初年の上野は荒廃しており、寛永寺境内も一時は立入禁止となっていた。明治二年の春に、閉鎖されていた山内を一般市民の花見などのために開放し、茶屋などもできた。明治三年に民部省は建築材料として上野の山の木を伐採するよう要求したが、東京府はこれを拒否した。また、東京府知事だった大木喬任は不忍池《しのばずのいけ》を埋め立てて水田にしようとしたらしいが、これも周囲の反対にあって立ち消えとなっている。この時点では、江戸の名所旧跡たる上野を保存しようという意志はあまり感じられない。何しろ上野は広いので、文部省と陸軍省が上野の土地に目をつけ前者は学校を作ろうとし、後者は国立博物館のあるあたりを陸軍用地とし、さらに兵学寮を作ろうとしていた。この場所を公園にしようと言いだしたのは江戸幕府に招かれてオランダからやってきた医学博士ボードワンである。後に東大医学部となる大学東校で講義を持っていたボードワン博士は、新たに建設する大学病院の予定地として上野の山内を見分し、豊かな樹木に恵まれたこの土地は公園にすべきだという意見を政府に伝えた。ただし、この後も文部省、陸軍省はこの広い土地にこだわっていたので、明治六年の太政官布達が出るまでは上野寛永寺の土地がどう転ぶかわからなかった。

上野公園図絵（1877年頃）

　正式に公園を作ることになった背景には、徳川時代から庶民の遊興の場として親しまれていた飛鳥山や浅草を改めて庶民に開放すると共に、横浜の外国人居留地で外国人が作った公園を参考にして、それに似たものを日本にも作ろうという意図があったのだろう。当時の新政府には、江戸を東京に作り変えるにあたって、世界に開かれた近代的な都市にする必要があり、そのためには公園が必要だと判断されたわけだ。

英語の「park」に「公園」という単語を当てたのが誰なのかはよくわかっていないが、江戸の生まれで明治のジャーナリストとして活躍した成島柳北《なるしまりゅうほく》が明治五年に書いた欧州見聞記でこの単語がよく使われているので、彼が発明者かもしれないと『東京の公園百年』には書かれている。

上野公園の開園については複数の説がある。東京都は明治六年十月十九日としているが、上野が整備され実際に公園としての体裁が整ってゆくのはもう少し後のことになる。驚くべきことにこの頃、民間人で日本橋新和泉町に住んでいた実業家、榎本六兵衛という人が府知事に対して公園経営の計画書を提出したという。計画書の一部を引用しておく。

公園は清潔を専らとし、老幼婦女も安心して遊歩できる様にするのが建前であり、宛《あたか》も市中に在って野外を散歩している如き趣致を造り出すために従来の葦簀張掛茶屋は一時取払い、改めて適所に相当の建物を建てた上、業種を選んでこれを貸し付ける様にしたい。

園内での酒肉は禁止する。（小林安茂『上野公園』、郷学舎、一九八〇）

これは凄い。ここに描かれた公園像はいかがわしい盛り場、繁華街ではなく、極めて健全で健康的な空間である。こういう発想がすでに民間にあったのだとすると、江戸時代からすぐ近くに吉原があり、盛り場、繁華街として栄えた浅草公園が、他の公園とは違う方向に進み、最終的に公園ではなくなった理由もなんとなくわかる。

日本に公園が誕生した明治六年は、ウィーンで第六回万国博覧会が開かれた年でもある。あとでまた触れることになるが、この万国博覧会は日本の近代化を考える上でかなり重要である。これに先立って、政府は明治四年に湯島聖堂大成殿を博物館とし、ウィーンに出品する物を選出するという意図もあって翌五年には博覧会を開く。ウィーン万博の後で大久保利通は産業振興のために大博物館を建設する必要があると考えた。これにより明治九年に上野公園は内務省博物局所属公園地に編入される。博物館は産業振興と共に学問発展という使命を帯びた国家の施設である。博物館が作られることによって上野公園は浅草や飛鳥山、芝、深川といった他の公園とは違う顔を得ることになる。また、その過程において、徐々に入園者の数も増え、便所やレストラン兼休憩所なども増加していった。明治五年、三条実美や岩倉具視の援助を得て築地にオープンした西洋館ホテルは、翌六年に築地精養軒と改名したが、明治九年にこの精養軒が不忍池のほとりに上野精養軒を開業する。これも岩倉の手配である。築地精養軒は関東大震災で全焼、そのまま上野に移転して今に至る。日本におけるフランス料理の草分けである。

そして明治十年、大久保とは同郷の西郷隆盛が決起する、言わずと知れた西南の役、西南戦争である。この日本史上にして最大の内戦の最中に、上野公園で第一回内国勧業博覧会が開催される。遡ること十年前には、同じ上野で西郷は官軍として彰義隊と戦い、これを打ち破ったのだから皮肉なものである。西郷はわずか十年で英雄から賊軍になり、死んだ後でまた名誉が回復されることになる。大久保にとっておそらく西郷と西南戦争は清算すべき過去であり、上野公園と博覧会はこれから向かうべき未来であった。

明治十年、第十八代アメリカ大統領の座を降りたユリシーズ・グラントは世界各地を訪問する旅に出た。国賓として来日したのは明治十二年のこと、この時は浜離宮で明治天皇と会見、上野公園で大歓迎会が開かれて、グラント夫妻は上野公園で記念植樹をする。当時は珍しかったマグノリアとローソンヒノキで、苗木を調達したのは津田仙《せん》だったらしい。アメリカの大統領経験者が日本に来たのはこれが初めてのことで、国賓の歓迎会という国家的イベントの会場として巨大な公園という空間が必要とされたのがわかる。

明治十一年には博物館本館が施工され、明治十四年に完成する。上野公園では明治十四年、二十三年にも勧業博覧会が開かれ、第三回では我が国最初の電車が公園内を走った。わずか四〇〇メートルほどの距離だったが、これは大変な人気を博したという。そして明治十五年には麴町山下町にあった動物園が上野に移転してくる。

そして明治二十七年には上野公園で日清戦争祝捷会が開かれる。公園というのは国家の顔であり、首都のランドマークだった。だがしかし、上野公園は寛永寺という既存の施設を改造したものであり、まだ日本には西洋式の公園は生まれていなかった。

お雇い外国人たちの活躍

開国に伴う近代化で大きく変化したのは武器製造と建築であろう。これらをリードしたのは海を渡ってやってきたお雇い外国人たちである。最初のお雇い外国人と言われるヘンドリック・ハルデスはオランダ海軍出身で幕府がオランダから購入した蒸気船に乗ってやってきた。この時、長崎海軍伝習所の総監理にして三島由紀夫の高祖父でもある永井尚志《なおむね》が独断でオランダから招聘した技師団の主任技師がハルデスだった。安政四年（一八五七）のことである。ハルデスたちは地元の瓦職人を指導して煉瓦を焼き、それを使って日本で最初の近代工場とされる長崎製鉄所を建設、その際には土地の造成、地盤改良から指導したという。オランダ人と日本人の合作でもあるこの建築物は、その後三菱財閥の創始者である岩崎弥太郎の手に渡り、三菱重工業長崎造船所となって、戦艦霧島や戦艦武蔵を建造することになる。煉瓦とセメントは、古来より紙と木で建物を作りそこに住んできた日本人が近代化、工業化するための要である。原始的なセメントはピラミッドを建設した古代エジプトから使われていたが、中世には一旦衰退し産業革命以降技術的なイノベーションが起きていた。煉瓦やセメントといった建築資材は基本的に重いもので、しかも大量に使用するものだから島国である日本はそれらを輸入して賄《まかな》うわけにもいかず、自国で大量生産できる環境を作るしかなかった。だからこそ、海外から技師を招き、彼らの技術を輸入し学んだわけだ。セメントは幕末のうちに輸入されており、国産品の生産が望まれていたけれど、そう簡単にできるようなものではなかった。明治五年に大蔵省土木寮建設局が今の江東区清澄に摂《せ》綿篤《めんと》製造所を設立したが、実際にセメントの製造に成功したのは明治八年である。産業として軌道に乗るまでにはかなりの時間を要したわけだが、明治十四年には旧萩藩士だった笠井順八がセメント製造会社を設立、これが現在の太平洋セメントとなる。明治十七年には官営だった工場が民間人の浅野総一郎に払い下げられ、一大産業となるまでに成長する。水売から出世して浅野財閥を築いた浅野は文字通り立志伝中の人で、ありとあらゆる事業に手を出したが、その根源にあるのはおそらく浅野セメントだろう。東京湾は遠浅で海外から来た大型汽船が着港するには不便な港だったから、品川あたりの海は徹底的に埋め立てられ、地形からして変わってしまった。それに伴い東京湾の水は汚れ、アサクサノリなど江戸前の水産業はかなり衰退した。近代化の一つの側面である。

フランスの技師レオンス・ヴェルニーが手がけた横須賀製鉄所も徳川幕府の仕事を明治政府が引き継いだ形で横須賀造船所になり、横須賀海軍工廠となって軍艦を製造することになる。これは今の在日米軍横須賀基地である。

先に紹介したウォートルスやブリジェンスも来日したのは幕末である。開国に伴う近代化、工業化はこういったお雇い外国人と彼らを招聘した幕府が先駆けとなり明治政府がそれを引き継いだ。ウォートルスやブリジェンスは、仕事をするためにやってきた外国で政権が変わるのを目の当たりにしたわけで、凄い経験をしたものだと思う。

築地ホテル館は件の銀座大火で焼けてしまうが、ブリジェンスは新橋と横浜の停車場を設計するという大仕事を形にしている。言うまでもなく日本初の鉄道駅舎である。日本の鉄道はイギリスを手本にしており、イギリス公使ハリー・パークスの手引でやってきたエドモンド・モレルが初代鉄道兼電信建築師長として采配を振るったが、駅舎はアメリカ人が建てたわけだ。ちなみに、明治五年という、明治の早い段階で鉄道が開業できたのは、オランダ経由などで鉄道の知識を持ち、これに強く興味を示していた人々が幕府にもいたからである。鉄道は単なる交通機関ではなく、蒸気機関という最新のテクノロジーを搭載していたから、これを導入せねば日本の近代化はあり得ないという意識があったのではないか。

火災に負けない銀座煉瓦街計画

先に述べたように、鉄道が開業した時点では古い武家屋敷など土地の整理ができておらず、東京の街はまだまだ完成してはいない。そう考えると、鉄道開業と同じ明治五年に銀座大火が起きたのは、ある種必然的なものだったのかもしれない。銀座から築地に至るまで驚くほど広い範囲が炎上したわけだけれど、焼死者八人、負傷者六十人と被害者数は意外に少ない。この数年前に起きた横浜の豚屋火事では四百人の遊女が焼け死んだと言われているのだ。これはつまり、人の住んでいない旧武家屋敷などが盛大に燃えたということだろう。

この銀座大火がきっかけで、東京府知事だった由利公正は火災に強い燃えない街を作るべく、銀座煉瓦街計画を打ち出す。この計画の肝は、建築物を煉瓦で作るだけではなく道路の幅を拡張するというところにあった。大蔵省建設局は小菅《こすげ》村に煉瓦の工場を作り、煉瓦の規格統一を行う。これらの設計や煉瓦製造の指導はウォートルスが行い、全体的にウォートルスが得意としていたジョージアン様式が取り入れられている。当初の計画では銀座全域を煉瓦造りにするという大規模なものだったが、財政難に陥り限られた範囲のみとなった。詳細は不明であるが、ウォートルスは明治八年に解雇され、当初の予定よりかなり小さくなった煉瓦街は明治十年に完成する。この時、広大な焼け野原と化した銀座のすぐ近くでは、新橋—横浜間をつなぐ鉄道工事が進んでいたわけで、銀座大火という災害は結果的に江戸から東京への転換をさらに加速させることになった。新たに築かれた煉瓦街は、すべてが煉瓦というわけでもなく、一階が煉瓦で二階が木造家屋、継ぎ目は漆喰で塗り固めて、というような具合で雨漏りもしたようだが、それでも木造屋敷や土蔵で構成されていた江戸の都市風景を一新させるものであった。

銀座煉瓦街（1890年頃）

　この銀座の煉瓦街に、明治の新たな業種である新聞社がやってくる。はじめに来たのは幕末にスコットランドから渡ってきたジョン・レディ・ブラックというイギリス人が経営する『日新真事誌』であった。明治五年に創刊されたこの新聞社が、今の和光のあたりに居を構えた。政府批判で名を売り、できたばかりの鉄道駅での新聞販売を行うなど先駆的な試みをした同紙だったが、ブラックが手を引くことになり明治八年に廃刊となった。同じく明治五年に『東京日日新聞』を創刊した日報社は、明治十年に浅草から銀座の尾張町一丁目(現在の銀座五丁目)にある煉瓦街最大の建物に移転してくる。この建物は、京都で蛭子屋の屋号で呉服商、両替商を営んでいた島田組が建てたもので、銀座の煉瓦街にも進出したのはよかったが、時代の変化には乗り遅れたようで、明治七年に蛭子屋は閉店する。日報社はそこに乗り込んだわけだ。横浜で創業した印刷会社、合名会社日就社は、明治七年に読売新聞を創刊、明治十年には銀座にあった伊勢勝の建物を買収している。伊勢勝の経営者である西村勝三は、下野国佐野藩士の息子で明治の啓蒙思想家として名を残した西村茂樹の弟である。若くして長崎海軍伝習所を目指した勝三だったが、落選したので脱藩し、実業家の道を歩んだ。明治三年には築地に伊勢勝製靴工場を設立して、日本の製靴業の父と呼ばれるまでに至った。明治四年にはドイツから洋服裁縫師を招聘して銀座で最初の洋服裁縫店を開いたのはよかったが、これは早すぎて失敗。その後を読売新聞が買い取ることになった。ただし、西村勝三自身は不撓《ふとう》不屈のアイデアマンで、この後見事に再起した。『日新真事誌』があったところに移転してきたのが成島柳北が社長兼主筆を務める民権派の『朝野新聞』である。他にも多数の新聞社が銀座に居を構えて銀座新聞街と呼ばれた。従来の瓦版から脱皮して新聞に移行しようとしていたメディアにとって、煉瓦の街は近代化にふさわしいオフィスだったのだろう。

とはいえ、銀座に新聞社が押しかけてきたのは、何も煉瓦街のモダンな香りに誘われたからではない。銀座の近くには新橋ステーションがあり、鹿鳴館や外国人居留地も近いので新しい情報が入りやすかったのである。さらに、新聞社が増えるにつれて、印刷業、製本業、文房具店といった関連業者が集まってきた。新しい職種が増えると街の産業も活性化するのだ。

銀座が大火事になり、鉄道工事が進んでいた頃、築地ホテル館を建てた清水喜助とブリジェンスは明治政府を金融面から支えた三井組の「海運橋三井組ハウス」を手がける。これは日本初の銀行建築と言われる壮麗な建物で、洋風建築に和のテイストが上手く取り入れられた不思議な建物である。この三井組ハウスは第一国立銀行に譲渡され、三井組はその資金で新たに駿河町に三井組ハウスを建てるが、こちらも立派な洋風建築の屋上に鯱が鎮座するという誠にエキゾチックな擬洋風建築に仕上がっている。横浜の外国人居留地に大工として関わり、ブリジェンスから西欧建築を学んで建築家として大成した林忠恕《ただよし》はこの時期に大蔵省、内務省、大審院などのブリジェンス譲りの木骨石造建築で設計している。彼ら日本の近代建築の先駆者の仕事は当時の人々の目を引いたようで、明治の錦絵に好んで描かれた。錦絵は江戸時代に成立した多色刷りの浮世絵版画であるが、開国にともなって横浜にやってきた外国人とその風俗を描いた横浜絵や、銀座の煉瓦通りや築地ホテル館など文明開化を描いた開化絵が人気を呼んだのである。カラー写真のない時代に、技術的には爛熟していた鮮やかな多色刷りの版画が人目を引いたということか。

明治八年には筑後国久留米の鼈甲細工師の息子に生まれ、子どもの頃からからくり人形の新しい仕掛けを考案して「からくり儀右衛門」後には「東洋のエジソン」と呼ばれた天才発明家、田中久重が京橋区南金六町（現在の銀座八丁目）に田中製造所を出店する。これが後の東芝である。

そして明治十年にはロンドンからジョサイア・コンドルがやってくる。日本の文化に親しみ、浮世絵師・河鍋暁斎の才能に惚れ込んで弟子入りし、花柳流の舞踊家と結婚した、大変な親日家であり、文筆家でもある。日本の近代建築史において、明治九年までがウォートルス時代だとすれば、明治十年以降はコンドル時代である。星の数ほどいたお雇い外国人の中で、最強はおそらくこの人だ。何しろコンドルには、親しく交際した絵の師匠暁斎の姿と、その日本画の技法を克明に記した『河鍋暁斎』という著作があり、日本の生花文化を語った『美しい日本のいけばな』という著作もあって、どちらも翻訳されているが、『河鍋暁斎』に至っては岩波文庫で今でも読める。文化貢献度でいうと小泉八雲クラスである。この愛すべき才人が日本に来て何をしたかというと、後に東京大学工学部となる工部学校の教師として人を育て、さまざまな仕事をしたのだけれど、その中でも特に大きな仕事は、薩摩藩の上屋敷があった場所に建設された鹿鳴館の設計だろう。その頃、外務卿だった井上馨が企画した海外からの賓客を饗すための施設である。この頃の政府の争点といえば何といっても欧化政策である。何故に欧化、西欧化が重要視されたかというと、もとは幕末の開国事情にある。安政五年（一八五八）にアメリカ、オランダ、ロシア、イギリス、フランスの五ヵ国と結んだいわゆる安政五ヵ国条約や、それ以降に欧米の他国と交わした条約の数々が不平等なものであったために、これを改正しようという機運が高まったからである。欧米に渡航し現地の人々と触れた日本人は、日本とその国民が彼らから低く見られていると感じた。日本が彼らと同じ文明国であり、同じ水準の文化を持つことを強くアピールするためには、日本の文化をもっと西洋風に衣替えする必要があるという発想だ。というわけで、幕末以来ずっと進んでいた西洋化をさらに強く推し進めることになり、東京をはじめとする都市部には西洋建築が立ち並ぶことになる。明治十六年落成の鹿鳴館はその象徴であり、鹿鳴館外交などという言葉も生まれた。この時期のコンドルの働きは目覚ましいもので、鹿鳴館の前には上野の東京国立博物館の前身である帝室博物館の本館や北海道開拓使の出張所を手がけている。現在の日本橋箱崎町にあったこの建物は、明治十五年に開業した日本銀行の本店として使用された。コンドルが手がけた建築物の多くは関東大震災で破壊されたために現存しないものが多いけれど、開拓使出張所などの図面は残っており、コンドルと彼の薫陶を受けた建築家、辰野金吾のサインが記されている。

官庁街のグランドデザイン

東京府知事、芳川顕正《あきまさ》は、インフラを整備して東京府全体を作り変えようという「市区改正」計画を打ち出し『市区改正意見書』を作成する。この市区改正計画は井上馨の欧化計画とある意味競合する形で、長い時間をかけて東京という都市を作り変えてゆく。

ちょっとここで、後に日比谷公園となる陸軍操練所がこの時代にどんな場所だったのかを確認しておきたい。明治十八年に日比谷練兵場と改名され、明治二十一年に練兵場が青山火薬庫跡・今の明治神宮外苑に移動するまで使われていたが、だだっ広いだけに市民にとってはいささか物騒な場所であった。明治十四年一月の読売新聞には、夜の十一時頃に操練所を通り抜けようとした男が三人連れの盗賊に襲われ金十七円の入った財布を奪われた上に身ぐるみ剝がれて丸裸にされたという記事がある。陸軍が訓練をするための場所ではあるが、どうやら一般市民も立ち入りが可能だったようで、帰りの道をショートカットするために通り抜けてゆく人がいたようだ。続いて翌十五年三月の記事を見ると、またしても日比谷の練兵場を通りがかった人が、棒を持った男に襲われ、殴られて金品を奪われるという事件が起きている。さらにその翌月には操練所で死体が発見されているから、これは穏やかではない。ちょっと読売新聞の記事を引き写しておこう。

一昨夜日比谷操練場に二十五六の書生体《てい》の男が数ヶ所の突傷を受けて死で居たのを通行人が見附け其筋へ訴へ出たにつき直に警部が出張して検視されると此男は新潟県士族の竹内一郎といふ者にて文学修業の為め先年出京して西の久保桜川町の友人池田有恒方へ止宿して同所城山町の山上学校へ通学して……

突き傷を受けて死んでいるということは間違いなく殺人事件である。新潟の士族の若い男が文学修業に東京へとやってきたわけだ。しかし明治十五年といえば二葉亭四迷や樋口一葉もまだ世に出ていない。日本近代文学の先駆者、坪内逍遥がウォルター・スコットの翻訳を始めたくらいの時期で、いわば言文一致前夜である。その時代に地方から上京する文学青年がいたわけだ。この竹内青年が日比谷で死ななければ、二葉亭や夏目漱石に匹敵する文学者となり、近代文学の歴史を変えたかもしれないけれど、それは言ってもせんのないことである。西の久保桜川町とあるのは、西久保桜川町のことだろう、これは現在の虎ノ門一丁目の一部である。西久保は今の港区にあった古い地名で旧武家地である。西久保城山町は現在の虎ノ門四丁目の一部である。士族の身分で金には不自由しなかったのではないか。被害者の身元が割れるとすぐに容疑者も判明した。鹿児島県の士族で神保町に下宿し、駿河台の明治学校に通っていた有村彌太郎という男である。被害者の竹内とはそれ以前からの友人で、殺害に至った直接の原因も些細な金銭トラブルではあったが、この有村という男、西南の役で西郷方について小隊長として活躍し、乃木希典率いる歩兵第十四連隊の軍旗を分捕った村田三介の部下という、なかなか面倒な出自で、戦で負傷して病院で療養している最中に、自軍の隊長たる村田の戦死を知らされたという屈折した経歴の持ち主だった。いわば官軍に投降した敗残兵が人生を一からやり直すべく新首都東京にやってきて学校に入り、そこで被害者と出会ったわけだ。被害者も加害者もそれなりに教育のあるインテリであり、単なる金銭トラブルとして処理すべき問題でもないと判断したのだろうか、有村の裁判においてはイギリスで日本人としては初の法廷弁護士資格を取得した才人、星亨《ほしとおる》が弁護士を買って出た。この件の続報を探しているのだけれど、いまだ見つからない。

それ以降も日比谷操練所・練兵場では殺人事件こそ見当たらないものの、物盗りは出るし首吊り自殺はあるし、と市民にとっては物騒な場所であり続けたのだ。当たり前の話だけれど昼間は兵隊さんたちが訓練をしているので騒がしく、これが夜ともなると物盗りが出て物騒な場所ということになる。政府としては、これは歓迎せざる事態なのである。皇居からほど近い日比谷は本来ならば東京の一等地ではないか。海外からの賓客を饗す鹿鳴館は目と鼻の先である。明治二十三年にはコンドル門下の渡辺譲が設計した帝国ホテルがオープンする。これは鹿鳴館と並んで井上馨の肝いりである。彼はとにかく東京を西欧の街に見えるようにしたいのである、それが欧化政策だ。実際、東京の中心たる日比谷練兵場の周囲は急速に西欧化が進んでいたから、無骨な練兵場は海外からの賓客に日本の軍隊を見せつけるという効果はあったものの、鹿鳴館や帝国ホテルが並ぶ優雅な町並みには似つかわしくない。帝国ホテルの計画がスタートしたのと同時期に練兵場が明治神宮に移転したのは、要するに日比谷から追い払われたようなものだろう。それと、明治十一年には、竹橋付近に駐屯していた帝国陸軍の近衛兵の部隊が西南の役にまつわる不平不満がきっかけで反乱を起こした、いわゆる竹橋事件があり、皇居のすぐ近くに軍隊を置くのは危険ではないかという見方も練兵場移設につながったらしい。

これらに先立つ明治十八年、井上の依頼でコンドルは日比谷に官庁を集中させるための図面を二度、作成している。最初に描かれた第一案の計画図では日比谷練兵場を碁盤の目のように分割し、そこに大蔵省、工部省、海軍省、国会などが配置され、その中心に小ぶりの「園」がある。おそらくこれが日比谷公園の原形である。練兵場を移転し、その跡地に官庁街を作ろうというアイデアは井上もしくはその周りにいた人たちの着想だろう。そしてその中心に「園」を配置しようというアイデアが誰のものだったかは今となってはわからないが、日比谷の土地に「園」を配置した図面を最初に作成したのはコンドルだ。コンドルが描いた第二案計画図では「園」はより大きくなっており、練兵場の東三分の一ほどの敷地が「公園」となっている。この時点で日比谷の地に公園を作ろうという計画はあったわけだ。井上やコンドルの間でどのような会話が交わされたのか、詳しい記録は残っておらず真実は闇の中なのだが、コンドルが描いた計画は採用されず井上は新たな建築家を招聘することになる。井上とコンドルの間で何があったかはわからない。考えられるのは、日比谷をパリのような西洋都市にしたい井上に対して、英国人のコンドルが大の日本贔屓だった点である。何しろ河鍋暁斎に弟子入りして暁英と名乗り、踊りのお師匠さんである花柳流の前波くめと結婚し、華道にも入れ込んだコンドルである。この人は本当に、どれだけ日本が好きだったのか。『明治の東京計画』を書いた藤森照信も、井上とコンドルの間に齟齬が生じた原因が、コンドルのロマンチックな東洋趣味にあるのではないかという見方をしている。

ただし、コンドルがやった仕事で重要なのは日比谷周辺の地質調査をしたことである。日比谷は江戸時代の初めまでは入江、いわゆる日比谷入江であり、低湿地帯であった。十七世紀以降、埋立てを行なって、大名屋敷が立ち並ぶ地盤ができたわけだ。なので日比谷の土地は地盤がゆるく、大いに改良の余地があることにコンドルは気がついていた。

これで明治政府とは縁が切れたコンドルだったが、三菱財閥の創始者である岩崎弥太郎の邸宅を始めとして、この後も重要な仕事をいくつも形にして、最終的には日本に骨を埋めた。岩崎がパトロンについたおかげで、パブリックな仕事ではないけれど、金持ちの豪邸をいくつも手がけられたのである。最晩年に手がけた東京都北区にある旧古河庭園のバラ園は左右対称のフランス整形式庭園に立体的なイタリア露壇式庭園の技法を取り入れたもので、文化のリミックスを得意としたコンドルの公園観が窺える。彼は大正九年に麻布の自邸で亡くなったが、その十一日前に死去した奥方と共に護国寺に埋葬された。享年六十七。

コンドルが計画から離れた後、井上がドイツから招聘したのはヴィルヘルム・ベックマンである。ベックマンはベルリン・バウアカデミーの先輩で周囲から高い評価を受けていたヘルマン・グスタフ・ルイ・エンデと共同で建築設計事務所を開いていた。彼らの名声を聞いた井上がエンデに接触し、ベックマンが来日して調査、計画案を立てて図面を作成し、その後でエンデが来日するという段取りが決められた。これが明治十九年のこと。井上は内閣に臨時建設局を設立しみずから総裁を務める傍ら前年十八年に第五代警視総監となった薩摩出身の三島通庸《みちつね》を副総裁にむかえた。それに加えて明治四年の岩倉使節団に参加してドイツに渡りベルリン工科大学で建築学を学んだ松崎万長《まつがさきつむなが》を招聘する。エンデとベックマンにアプローチできたのは松崎のルートである。明治十七年に帰国すると辰野金吾、妻木頼黄《つまきよりなか》、河合浩蔵といったジョサイア・コンドル門下の建築家たちと造家学会を設立、これが後の日本建築学会となる。松崎の帰国後、ベックマンは職人たちとともに来日する。

このあたりの流れを整理すると、明治十二年に井上が外務卿に就任、明治十七年に松崎万長が帰国。明治十八年にコンドルが日比谷官庁街計画の草案を描き、明治十九年にエンデ、ベックマンらと結託し日比谷官庁街計画を打ち出す、という流れになるのだけれど、その間にはいろいろと政治的な動きがあった。明治十八年に伊藤博文が第一代内閣総理大臣に任命され、井上は外務卿から外務大臣になる。伊藤と井上は幕末期からの盟友であり、第二次伊藤内閣が成立したときには内務大臣を、第三次伊藤内閣成立時には大蔵大臣を井上が務めるという名コンビだった。

明治十九年にベックマンが作成した計画図は、練兵場跡地とその隣接地域だけを対象としたコンドル案より規模が大きく広いものだった。練兵場のあった場所は広い博覧会場となり、現在の皇居外苑のある位置に練兵場が移動している。そして今の有楽町駅よりも少し南に下った位置に「中央駅」が配置されて、駅の両端からは天皇大通りと皇后大通りが三角を描くように博覧会場へと伸びている。その三角の中心には円形の大広場があり、駅前には喫茶店やレストランがある。天皇大通り沿いには劇場があり東京府庁があり、裁判所、警視庁が並んでいる。そして特筆すべきは国会議事堂が、今とおおむね同じ場所にあることである。国会議事堂建設予定地が麴町区永田一丁目（現在の千代田区永田町一丁目）に決定するのは翌明治二十年であるが、その計画を最初に絵に描いたのはベックマンということになる。ベックマンも日比谷練兵場の土壌がゆるいことは気にしていたようで、大きな博覧会場を置いたのはそれが原因かもしれない。つまり、日比谷の土地は場所こそよいけれど地盤が脆く、国会議事堂を建てるのには向いていないという判断であった。ベックマン案は壮大であった

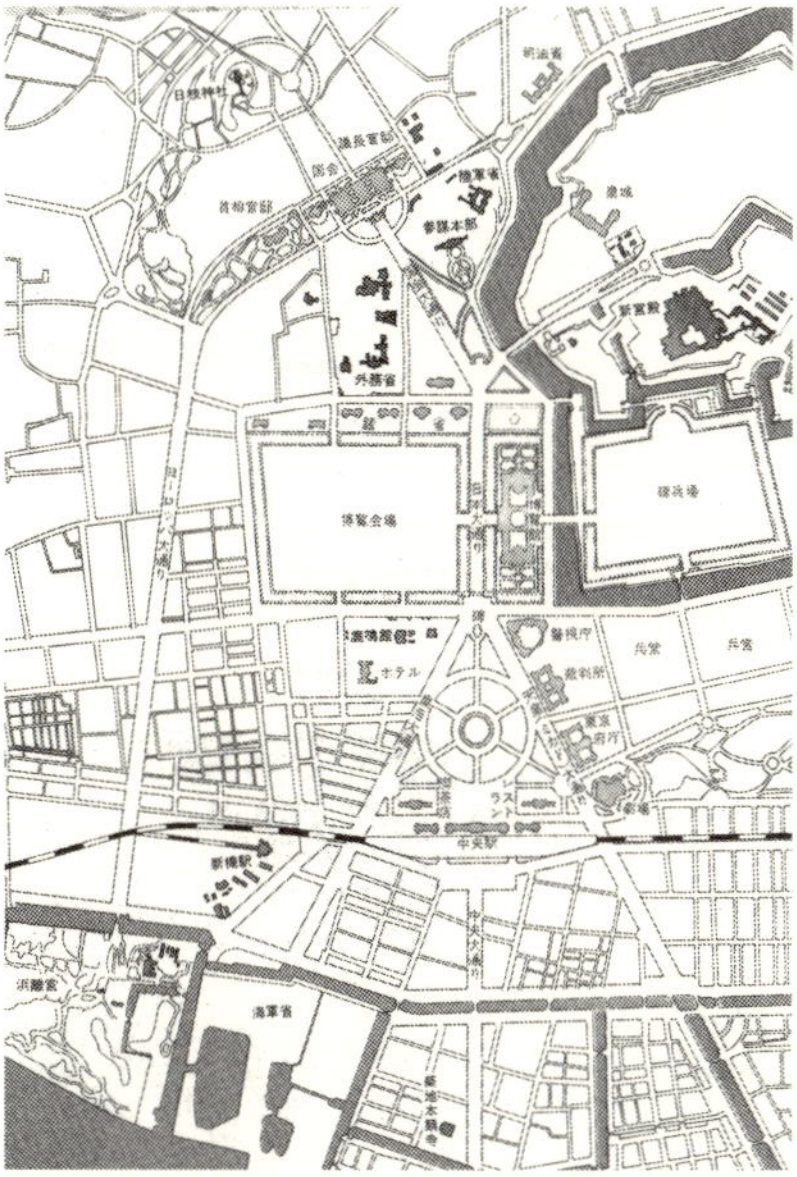

ベックマンによる官庁計画案（藤森照信『明治の東京計画』[岩波書店、1990] より）

がために何度も修正され、縮小されて形を変えるけれど、国会議事堂の位置だけは最初に彼が描いた永田町から変更されていないのである。どうやら彼は先に日比谷の土地が低地で、少し掘れば沼のようになってしまうことを説明した上で、標高が高く見晴らしのよい永田町を国会議事堂に推したようである。建築の専門家である外国人の眼差しが国会議事堂の位置を決めたわけだ。

ベックマンの計画図を見ると、官公庁だけでなく円形大広場や劇場、喫茶店といったアミューズメント施設が配置されているのが大きな特徴である。広場や劇場、レストランといった一般市民のための空間は、ベックマンの計画図とは違う形で日比谷公園の中に配置されることになるわけで、ベックマン構想の中には日比谷公園の原形が透けて見える。

明治二十年にはドイツからジェームズ・ホープレヒトが招聘される。ベルリン都市計画の父とも呼ばれるドイツ建築界の超大物である。ホープレヒトを紹介したのはエンデとベックマンだったが、来日したホープレヒトはベックマンの計画図を大幅に縮小する。明治政府も東京府も財政難で、こんな大計画を実現するお金はないと判断したわけだ。ホープレヒトは水道や土木に強い人で、ベックマンとはまた違う視点の持ち主だった。

ホープレヒトは日比谷練兵場の空間を活かすために、この土地の外側を街路樹を植えた遊歩道で囲み、中央に庭園をおいてその周囲に公共の建物、諸官庁を配置するというプランを提案す

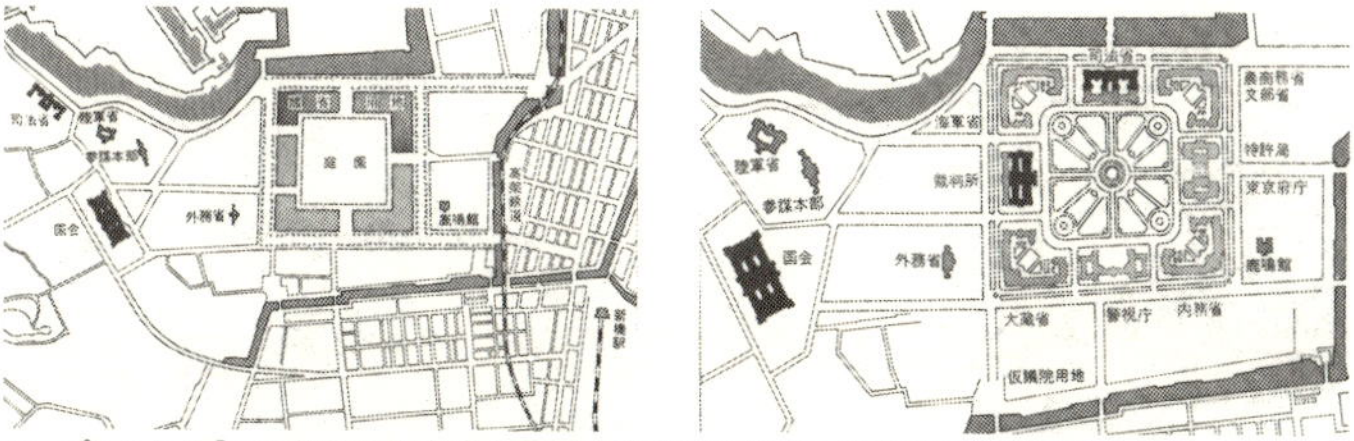

ホープレヒトの「ロの字型計画」(左)と「ロの字計画」に具体的な官庁建築の配置を考えたエンデ案(右)
(藤森照信『明治の東京計画』[岩波書店、1990]より)

る。いささか状況が混乱するのだが、ホープレヒトが日本に滞在した期間は一月半ほどと短く、ベックマン、エンデのコンビとはすれ違いで齟齬を生むことになる。ドイツでベックマンとのアイデアをまとめてきたエンデが日本に来た時、彼の前に提示されたのはベックマンのアイデアをズタズタに切り刻んで改変し、自分の好みを前面に打ち出したホープレヒトのプランである。本国でのキャリアではホープレヒトの方が遥かに格上なので、エンデはこれを呑まざるを得ない。ホープレヒトは日比谷練兵場跡地の中央を四角い庭園にしてその周囲を諸官庁でグルリと囲むという「ロの字型計画」を残して帰国し、官庁のデザイン、配置などはエンデに任された。ところが、ホープレヒトは日比谷の地盤が軟弱なことを知らなかったのか、それとも甘く見ていたのか、この「ロの字」構想は実現不可能だった。えらい迷惑な話である。誰が悪かったのかはわからない。強いて言えば途中でホープレヒトを呼んでしまった井上馨だろうか。ところがここで一大事が起きる。明治二十年九月のこと、諸外国との不平等条約交渉に失敗したことで井上が失脚し外務大臣を辞任することになる。井上はこの後また政界に返り咲くことになるが、一旦ここで退場する。エンデとベックマンはこの後も苦労しながら計画を進めていたが、明治二十三年には政府からお払い箱になってしまう。

思えばこの時点で、明治維新からは二十年以上の月日が過ぎているわけだが、東京という都市はまだ完成していない。現代から歴史を振り返ると東京は、大正時代に関東大震災で完膚なきまでに破壊され、この時は復興計画が立てられて実質六年ほどで立ち直った。これが昭和になると今度は第二次世界大戦があり、東京大空襲によってまた焼け野原にされたが、この時も十年とかからずに復興を果たしている。つまり、二度の破滅的事態から見事に立ち直ったわけで、相当しぶとい都市なのだ。それなのに、最初の形を作るのに二十年以上かかって、まだ先が見えないでいる。新しい首都を作るということは、そこまで大変な事業だったのかと思うと、ため息が出るような思いである。

日比谷公園の誕生

難航する計画案

日比谷の練兵場跡地を正式に公園として使用するということになったのは、明治二十一年（一八八八）、芳川顕正が委員長を務める市区改正委員会でのことだった。都市改造計画のための市区改正で肝になるのが道路だが、その道路原案の審議の際に、工学博士で土木学会の初代会長になる古市公威《こうい》が「今の練兵場跡地は埃っぽくてしょうがないから、これを公園にしてはどうか」と発言、この古市と芳野世経《つぐつね》という府会議員が、日比谷練兵場を公園にするよう提言したのだった。古市は開成学校からフランスに留学し、工学士、理学士の学位を取得したインテリである。教育者から議員となった芳野は、明治維新後も着物に丁髷《ちょんまげ》をずっと続けていたことで有名で、残された写真を見ると無骨な侍にしか見えないが、温厚で柔軟な考え方の持ち主だったという。

日比谷練兵場は皇居に近く重要な道路に面している巨大な空き地であり、これを無視しては東京の道路をめぐる計画が成立しない。この委員会は繰り返し行われてその都度話し合いが進み、翌年には日比谷を公園にすることが正式に決定する。コンドルやエンデ、ベックマンらが構想した日比谷の中のパブリック・ガーデンが、形を変えてついに実現することになったのである。

1884年頃の日比谷練兵場図絵

練兵場が正式に青山に移転したのがいつなのか、実はこれがよくわからないのだけれど、明治天皇の青山練兵場行幸が明治二十年なので、この時点で青山に移転していると考えてよさそうなのだが、実際には日比谷から完全に撤退したわけではなくて、公園の工事が始まるあたりまではまだなにがしかの形で陸軍が使うこともあったようだ。操練所と呼ばれた頃から物盗りや殺人事件のある物騒な場所だったから、これを整備して公園にするというのは悪くないアイデアだろう。往時の日比谷の土地を田山花袋が『東京の三十年』に書いているから少し引用する。

日比谷は元は練兵場で、原の真中に大きな銀杏樹があって、それに秋は夕日がさし、夏は砂塵《さじん》、冬は泥濘で、此方《こちら》から向うに抜けるにすら容易でなかった。ことに、今の有楽門から桜田門に通ずる濠《ほり》に添った路は、雨が降ると路がわるく、車夫は車の歯の泥濘に埋れるのを滴《こぼ》したところである。

自然派の田山花袋らしい文章である。

古い記録を漁ると日比谷原、日比谷ヶ原といった名称がたまに見受けられるが、これは練兵場が移転した前後の、公園が完成するまでの間に使われた俗称らしい。ともあれ、この日比谷ヶ原を立派な公園にするという方針は固まったが、先に書いたように日比谷公園の開園はというと明治三十六年六月一日である。この場所に公園を作ると決めてから十五年の月日が経っている。なぜ、こんなにまでも時間がかかったのだろうか。一つには、練兵場が青山に移転した後も広い日比谷は何かと使い勝手がよく、陸軍省がなかなか土地を手放さなかったというのがある。明治二十九年五月の読売新聞にこんな記事がある。

「日比谷公園の貸渡《かしわたし》」

前年陸軍省より東京市に引渡したる日比谷旧練兵場は其後東京市日比谷公園となし本年度に於て公園の組織を決定し公園たるの体裁を完備せしむる筈なりしが今回軍備拡張の結果として陸軍省は同所に仮兵営を建設する筈にて同省よりの照会により東京市に於ては向ふ二ケ年無地料にて同公園を陸軍省に貸与することに決定したりといふ。

日比谷の土地を一度東京市に引き渡してから、改めて軍備を拡張したいから土地を借りたいと言ってきたわけだ。どうも陸軍は日比谷に未練があったようである。ただ、この時点で旧練兵場の土地は日比谷公園という名称で呼ぶことになっていたようだ。問題はその公園がなかなか実現しなかったことで、日比谷公園と呼ばれながらも公園がない状態が何年も続いた。

最終的に陸軍省は日比谷を引き渡すのだが、これでグダグダと五年ほどの時間が過ぎた。

まず博物学者の田中芳男と宮内省の造園技師小平義親《こだいらよしちか》がそれぞれの計画案を描いた。信濃国の生まれで尾張名古屋で学問を修めた田中は、幕末のパリ万博、明治五年のウィーン万博などに出張し、博物館という言葉を作った文字通り博覧強記の人で、博物館、動物園のある上野公園ができたのはこの人の力が大きい。京都生まれの小平は日本式庭園の名手で、明治神宮御苑、有栖川宮邸など皇室関係の仕事に腕を振るった人で、この時は山水模様の庭園をベースにした甲案と、山水に植物園や動物園、運動所を配置した乙案の二本立てで挑んだが東京市に没にされた。田中が用意した丙案は遊歩地を重要視した近代公園らしいもので、東京市はこちらに興味を示したが、結局は採用されなかった。

その四年後、長岡安平《やすへい》が別の案を提出する。この人は東京で最初の公園・造園の責任者にして祖庭という号を持つ茶人だった。肥前大村藩の出身で、飛鳥山公園や浅草公園といった明治六年の太政官布達で公園指定された古いタイプの公園の改良工事などを早い段階から手がけていた、言ってみれば日本初の公園デザイナーである。茶の宗匠が明治初期の造園をリードしていたというのは面白い。長岡はまさにこの時期、明治二十二年に東京で初めての市街地小規模公園である日本橋兜町《かぶとちよう》の坂本町公園を設計している。開園当時は坂本公園と呼ばれたこの小さな公園は、今では噴水や子ども向けの遊具があり、区立の阪本小学校に隣接したいわゆる町の公園といった風情であるが、当初はサクラ、ウメ、ヤナギなど今よりも多くの緑に囲まれた和風庭園で、園内には一茶亭なる茶店もあったという。公園作りには独自のこだわりを持っていた長岡が構想した日比谷公園は、純和風ともいうべき緑豊かなもので、クネクネと曲がりくねった歩道が美しい。この人は、公園に迷園を取り入れた人でもあった。迷園とは「迷途」もしくは「隠れ杉」とも呼ばれたが、迷途とは英語のMAZE、つまり迷路のことである。テーマパークの巨大迷路は近年でも人気を博したから、迷路のある日比谷公園というのも実現していたら面白かったかもしれない。

残念ながら長岡案にもゴーサインは出なかったので、明治三十二年には真打登場という感じで辰野金吾が呼ばれた。ジョサイア・コンドル門下にしてロンドン留学後には帝国大学工科大学学長まで務め、東京駅をはじめとして日本銀行本店、大阪市中央公会堂など重要文化財レベルの建築物を山ほど遺したこの時代最強の建築家は、中央に楕円形の池を配置してそれを広場が囲み、そこにつながる道は直線で描かれた見るからに西洋風にシフトした図面を提出したが、この案も採用されない。

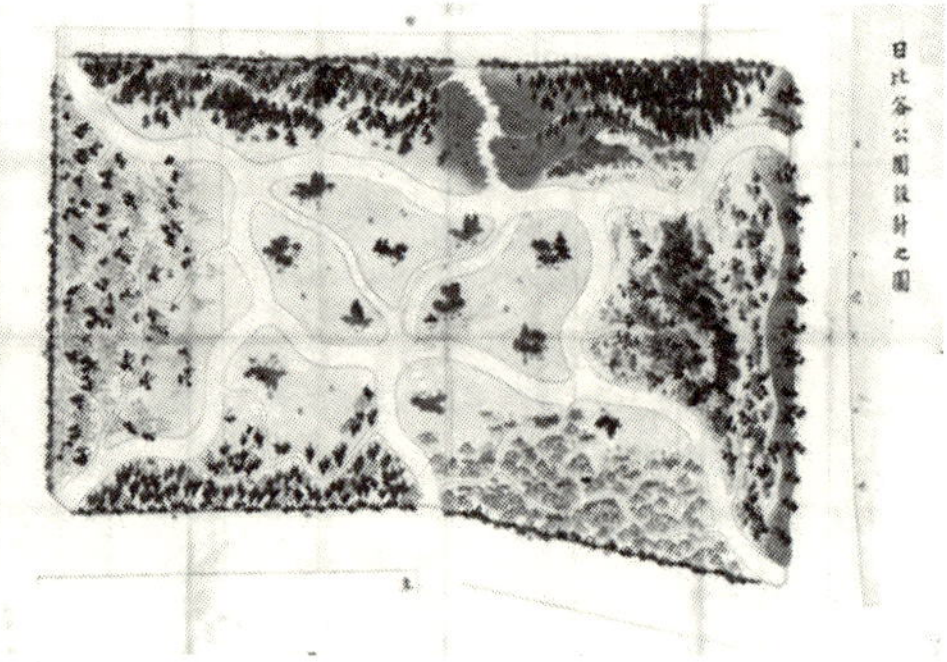

長岡安平による日比谷公園設計図案

この他にも、市吏員による設計案もあり、通算で八つの設計案が浮上しては没になった。こんなにまで時間をかけて、さまざまなアイデアが出されたのに、日比谷公園の計画図はまだ決定しなかった。何故ここまでこじれたのかというと、期待が大きかったからだという。いくつかの資料を読んだけれども、誰もがほぼ同じ意見である。それくらい日比谷公園は大勢の識者から期待されていたのである。練兵場跡地の荒れ野原に、ピカピカの首都東京の新たなランドマークとなる大広場を建築するという夢に駆られていたとでもいうべきか。思えば、この時代の都市計画は銀座の煉瓦街にしろ、官庁集中計画にしろ、当初のスケールはやたら壮大で、実際には予算が追いつかずにそのすべてを実現することなく終わっている。明治の夢は大きかったが、明治政府にはその夢をすべて実現するような金はなかった。

個々の計画図を見ると、たとえば、長岡案は和風すぎるし、辰野案は洋風すぎる。求められていたのは、見るからに洋風の意匠でありながら、巧みに和のテイストを取り込んだ、和洋折衷の公園だった。とはいえ、この時点ではそんな公園は世界のどこにも存在しないし、誰も見たことがないわけである。この世にないものを生み出すほど大変なことはない。ここで興味深いのは、明治初期に活躍したお雇い外国人たちの名前が出てこないことだろう。明治維新から二十年以上経っているわけで、関係者一同の中には、近代化の教師たる外国人の力に頼らず、日本人だけの力で日比谷公園を作ろうという思いがあったのではないか。また、そういう思いがあっただけに、凄いものにしなければならないという思いが募って、ここまで事態がこじれたのだともとれる。

手放す辰野金吾、推された本多静六がこれをクリア

この難事業を初めてクリアしたのが、ドイツに留学経験のある林学博士の本多静六だった。彼がこの大仕事を引き受けることになったのは、偶然の産物である。その頃、東京府の多摩川水源調査の仕事で東京市庁に出入りしていた本多は、たまたま市の顧問を務めていた辰野の部屋を訪れることになり、そこで書いている最中の公園の図面を目にする。会話の流れで本多がいくつか意見を述べたところ、辰野の方から「君はそんなに公園にくわしいのか！」と、地形図を押し付けられてしまったのである。この頃すでに四十代の半ばを過ぎてそれなりの地位にあった辰野はそれまでの経緯も把握しており、日比谷の公園計画が一向に進まずこじれているのもわかっていた。なので、この仕事を一旦引き受けはしたものの、元々が建築家で造園を専門としているわけではない自分にはいささか手に余ると思っていたのかもしれない。それに、日比谷に公園を作りますと告知してから、ただ時間が無駄に過ぎて、世間からは非難の声も上がっていた。練兵場だった頃から、物盗りなどで物騒な場所だった日比谷から陸軍が移転して、ただの荒れ野原になったことを庶民は知っている。その荒れ野原に公園を作ると言ったきり、計画がまったく進んでいないこともまた、東京に住む人々はよく知っていたのである。辰野が関わった時点ですでにリスキーな案件だったのだ。その当時の本多はというと、東京帝国

大学農科大学を首席で卒業し、大学教授として、また林学博士として精力的に活動していたとはいえ、まだ三十代の若さである。この時の辰野との邂逅がなかったら、本多が日比谷公園に携わっていたかどうかはわからない。そして日比谷公園を手がけることによって、それ以降の本多は造園家として躍進することになるのである。本多を抜擢した辰野の慧眼を褒めるべきか、それともただ単に困っていたから押し付けただけなのか。ともあれ、地形図を渡した辰野の判断は正解だったようだ。実のところ、本多は別に公園に詳しかったわけではない。留学先のドイツで現地の公園を見て、公園に関する書籍が何冊か手許にあるという程度だった。もちろん公園の設計など初めてである。辰野からのオーダーは言わば無茶ぶりだったが、本多は一週間かけて草案となる下図を作成して辰野に見せた。これに辰野が食いついて、日比谷公園という国家プロジェクトは本多静六の仕事になったのである。辰野はおそらく、これが一筋縄ではいかないことをわかっていて、年少者である本多を引っ張り込んだのだろう。辰野自身は日

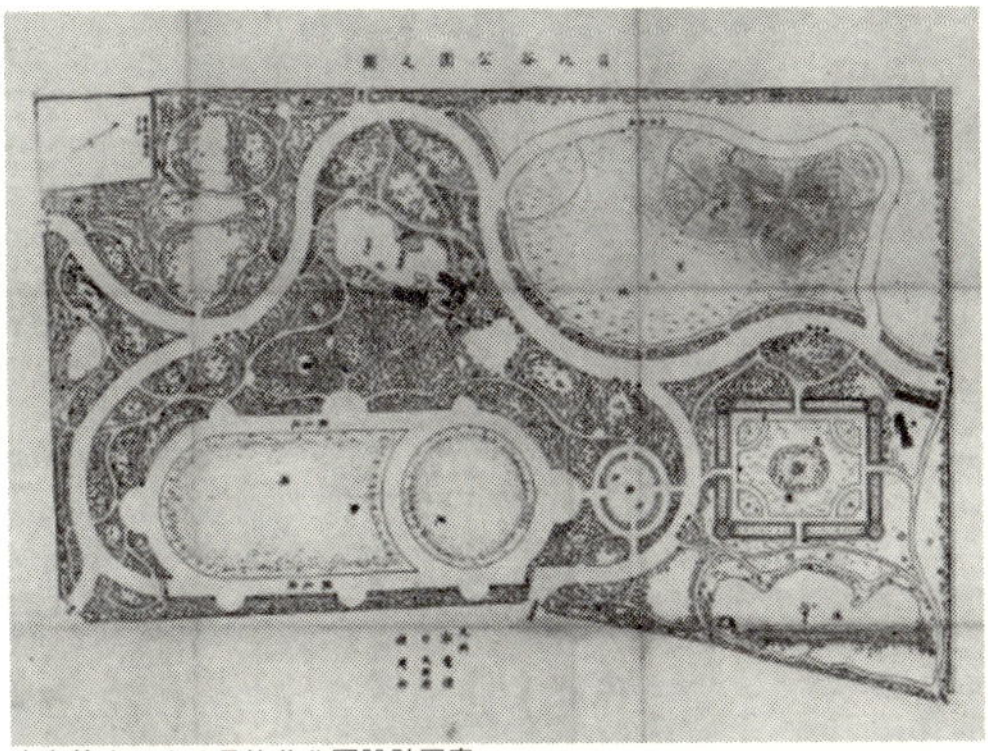
本多静六による日比谷公園設計図案

比谷公園の計画から離れた後、日本銀行の大阪支店や京都支店、大阪は堺の浜寺公園駅、第一銀行神戸支店、奈良ホテル、岩手銀行、朝鮮銀行などあちこちを飛びまわって近代建築を建てて日本の景観を変え、日比谷公園が開園した後にはふたたび皇居の近くに中央停車場の駅本舎を設計する。今の東京駅である。

ここに至るまでの日比谷公園計画の進展は随時報道されていたから、無駄に時間ばかりかかって一向に進んでいないことも世間には知られていた。明治三十一年十一月十五日の読売新聞の〈葉がき集〉なる投書欄には「日比谷公園に数万円の金を費やすくらいなら市内の悪路を早く修繕してもらいたい」という投書が掲載されている。日比谷公園計画じたい、まさに東京の道路の整備と深く結びついた計画であるだけに、関係者にとっては耳の痛い投書だったろう。また、明治三十二年五月二十一日から四回に渡り「日比谷公園の設計に就きて」という連載記事が掲載されている。これは、上野公園や浅草公園などにふれながら日本の造園技術を語り、さらには新たに作られる日比谷公園はどうあるべきかを論じた本格的な文章で、「欧米の「パブリックガーデン」(公有花園)或《あるい》は「パーク」(公園)の如くせしめん」という文章が末尾にある。執筆者は「甘草生」とあって誰かわからないが、かなり造園の知識があり、日比谷公園の進行状況を把握している人だったようだ。或いは内部の関係者だったのかもしれない。こんな記事が新聞に出てしまった以上、一刻も早く日比谷を公園にせねばならない。いつまで経っても話が進まない事態に業を煮やした星亨は、松田秀雄市長に向かって「かくの如き醜態を続けるのなら、いっそのこと日比谷公園地は陸軍に返してしまうぞ!」と詰め寄ったそうである。こういった切迫した事情から、一旦辰野案が没になった後、明治三十二年には、計画図面ができないまま、長岡案を参考にして地均《じなら》し、道路、広場の排水工事などが始められていた。本多にバトンが渡された背景にはこういう事情があったのである。

本多が一週間ほどで書き上げた図面を見た辰野はかなりの手応えを感じたようで、すぐさま彼を初代東京市長松田秀雄に引き合わせ、翌年明治三十四年四月、二十世紀の始まった年に本多は正式に公園設計を嘱託される運びとなった。この時の設計に着手したのは林学博士の本多静六を筆頭に軍医総監石黒忠悳《ただのり》、日本園芸会副会長福羽《ふくば》逸人《はやと》、造園家小沢圭次郎という顔ぶれ。本多がまだ三十五歳という若さなので、衛生面などの相談役として日本の軍医の草分けとも言われる石黒が、公園内の西洋花壇などの面での相談役として農業園芸のオーソリティである福羽が、園内の和風庭園部分の相談役的な存在としてその方面の大家である小沢が、最年少の本多を補佐するために招聘されたわけだ。日本の農業と食文化に多大な影響を与えた福羽については、新宿御苑の項で深く掘り下げることにしたい。

「公徳心を養う教育機関の一つに」——本多静六の公園思想

本多のデザインは彼が留学していたドイツ、プロシア・コーニッツ市営公園運動場の形状に影響を受けている。というか、意識的に模倣しているのだが、太い通路を配置して大きなカーブを描き、それで園内を区画するというのは本多が学んだプロシア式なのだろうけれど、みずからが若輩である自覚のあった本多は、いろんな人の意見を聞いていろんな要素を盛り込んだ。今も公園の見どころの一つである鶴の噴水がある雲形池は「ドイツ・ドレスデン国園芸学校ベルトラム氏の著書『庭園設計図案』の中の標準図」をそのままいただいたようである。面白いのは、欧化政策の先頭に立ちながら和魂洋才的なテイストを求められたことで、日本という国が近代化する過程において浮上した問題点が日比谷公園には集約しているような気持ちすらするのである。

設計にまつわるさまざまな話は本多自身が自伝に面白おかしく書き残しているので、そのまま引用しよう。

いよ〳〵私が市会に設計案を提出すると、内外からの非難も多かつた。或るとき市会で、「何故各門に扉を設けないのか、西洋ではよからうが、日本では夜間に花や木を盗まれてしまふ。」／と大分攻撃された。そのとき私は、／「公園の花卉《かき》を盗まれない位に国民の公徳が進まねば日本は亡国だ。公園は一面その公徳心を養う教育機関の一つになるのだ。これは家のなかでは親の隠しておく菓子までとつて食つてしまういたずらの子が、一度菓子屋の小僧になると、数日にして菓子に飽きて一向に食はないのと同じで、私は公園に沢山の花卉を植ゑて、国民が花に飽きて盗む気が起らない位にするのだ。」／と答弁した。

（『本多静六体験八十五年』）

ここで注目すべきは、本多が日本の近代化の中に、国民の公衆道徳の向上という面を見出している点だろう。犯罪の少ない立派な社会こそが来るべき近代日本だという強固な理念が彼にはあったのである。

一か八かで移植された「首かけイチョウ」

建設中のエピソードで有名なのが、今も松本楼の近くにある推定樹齢三百五十年の「首かけイチョウ」だろう。この大木はもともとは日比谷見附、今の日比谷交差点の脇にあったもので、道路拡張に際して伐採され薪になるところだったのを、本多が市参事会議長だった星亭に直談判して、伐採を中止するよう、なおかつ自分がこのイチョウを移植すると主張したのである。本職の植木屋でもこんな大木の移植は無理だとさじを投げたのだから、いくら本多が林学の専門家だといっても難しいだろうと星が返事を渋った。その時、二人の間でかわされた会話がまるで子どものようでおかしい。星との談判で意地になった本多は「植木屋には不可能でも、われわれにはそれを可能にする学問の力があるのだ！」と主張し、「保証できるのか？」という問いに対して「一尺大のハンコを押して保証する！」などと、わけのわからないことを言い出す。対する星は「そんなハンコを持ち出されてもアテにはならん！」と返答し、はなから折れる気のない本多は「だったら、この首を賭けても移植させてみせる！」と啖呵《たんか》を切ったので、ようやく星も納得して「それほど言うのなら、やってみやがれ」ということになり、今に残る「首かけイチョウ」という名前ができたのである。星亭は豪快な人だったけれど、本多もかなりの豪快さんである。

首かけイチョウ

失敗したら首が飛ぶ、いわば背水の陣で本多はイチョウの移植に着手、万全の準備と調査をもって事に挑んだが、いざとなるとこれを実行する職人が見つからない。こんな大木を動かして、なおかつ違う場所まで運んで、そこに根付かせるなどという経験は誰もないわけである。何人かの職人が話を持ちかけられては尻込みして、四人目の大倉という請負人が引き受けることになった。実際、本多がやろうとしていたのは、当時としてはかなり強引なプロジェクトだったのである。まず、イチョウのある場所から公園敷地内まで長いレールを敷き、四五〇メートルの距離を二十五日間かけてズルズルと引っ張り、現在の松本楼のそばまで運んで、穴を掘ってそこに移植した。運搬の途中で新芽が出た。割りと知られている事実だけれど、イチョウはアジアにしかない。ヨーロッパなどでは氷河期に絶滅してしまったために化石でしか見られない。氷河期に比較的暖かかった中国の一部で生き残ったイチョウが仏教伝来の頃に朝鮮もしくは中国から渡ってきたらしいのだが、西洋人にとっては珍しい植物である。

開園当時の日比谷公園に植栽された植物は、イチョウ以外ではマツ、カシ、サクラ、ヒノキなどが多かった。どれも日本らしい植物である。これは何を意味するかというと、たとえば辰野金吾案のようにほぼ完全に西洋式の公園を作ったとしても、そこに植えられた樹木は日本人にお馴染みのイチョウにマツ、カシにサクラなので、どこか日本的になってしまい、まるっきり西洋式というわけにはいかないのだ。完全に西洋風にしたいのであれば、イギリスやフランスの木を輸入して植えるしかない。もちろんそんな予算はないし、苗木ならまだしも生長した樹木をヨーロッパから運んでくるような技術もまだなかったろう。つまり園内の大半は日本の樹木でまかなうしかない。もちろん本多はこのことをよく理解していたはずで、だからこそ見栄えのよいイチョウの大木にこだわったのだろう。それに、開園の時点で植えられた樹木はすべてが生長した樹ではなく、苗木も多かった。本多が東京帝国大学農科大学の農場にかけあって、安い値段で引き取ってきたものを植樹したのである。なので、開園してすぐの日比谷公園に出かけた人々の目には、いささかみすぼらしくも見えたろう。実際、開園当時は緑が少ないという声も多く、日当たりがよすぎて攪乱を起こすのではないかという理由で攪乱公園などと呼ぶ声もあった。ただし、設計者としてはこれも承知の上で、十年後、二十年後を見据えた設計なのだ。とはいえ、その十年後、二十年後に出現するのは生長した日本の木々だから、完全な西洋スタイルの公園にはなりえないわけだ。そこで重要になってくるのが、福羽逸人や小石川植物園の初代園長であった植物学者の松村任三《じんぞう》といった植物の専門家の存在である。フランスのパリ万博に参加してヨーロッパの園芸に触れた福羽、ドイツに留学して植物分類学を学んだ松村、日比谷公園には彼らによって西洋式の花壇が持ち込まれるわけだ。そこには西洋から渡ってきた種子が植えられ、西洋の花を咲かせるだろうし、その花の種類は年々増えていくだろう。苗木の生長ほどではないが時間のかかる計画である。だが、花壇というものの存在は日本の景観を確実に変えた。日本古来のサクラが見ものの公園、植物園の中に、同時に西洋種のバラ園が配置されていたりするのをよく見かけるけれど、それは日比谷公園が発祥の地とされており、日本の花壇デザインの歴史は日比谷公園に始まると言われている。

未完成にして開園

日比谷公園は明治三十五年に着工し、翌三十六年六月一日に開園式を迎えた。周囲の道路などの工事はそれこそ本多が関わる以前から始まっていたわけで、トータルで見ると五年ほどかかっているが、実質的には最後の一年少々で突貫工事的に仕上げたのである。

開園式には千家《せんげ》尊福《たかとみ》東京府知事、大浦兼武警視総監ら二百名を超える来賓で賑わい、見物客も多数詰めかけ、大変な混雑となった。だが、実はこれは仮開園式で、正式な開園式は今に至るまで行われていない。実質的に未完成の状態でオープンしたわけだ。これは見切り発車という面もあったろうが、先に述べた苗木や花壇のことを考慮すると、本当に完成した状態の公園になるまでは何年もの時間がかかることがわかる。逆に言うと、時間をかけて市民とともに成長してゆくようなものとして設計されているのである。これまでの明治の都市計画を顧みると、銀座の煉瓦街にしろ官庁集中計画にしろ、東京を一気に西欧風に作り変えようと気宇壮大なプロジェクトをぶち上げ、財政難、予算不足で当初に予定した規模には至らなかった、というケースが目立つ。実際、日比谷公園がやたらと時間を喰ったのも、そのあたりの都市計画のしわ寄せを食らったという面がある。

公園は、土木と建築だけで作れるものでなく、造園、園芸という側面が強い。だからこそ、一気に完成させるのではなく、時間をかけ手入れを重ねてそれこそ苗木を育てるような形で見事な公園に成長してゆくように設計されたのが日比谷公園なのだ。当時、本多やその周りの人々がどこまで深く考えていたのかはわからないが、植物が生長するとともに日本の樹木と西洋の花壇とが同じ空間の中で調和の取れた新しい景観を生み出すというコンセプトは、この国にとってはかなり理想的な近代化のあり方ではなかったか。

そういった事情もあり、未完成状態での船出には不満の声も多かった。明治三十六年六月三日の読売新聞にはこんな記事が出ている。

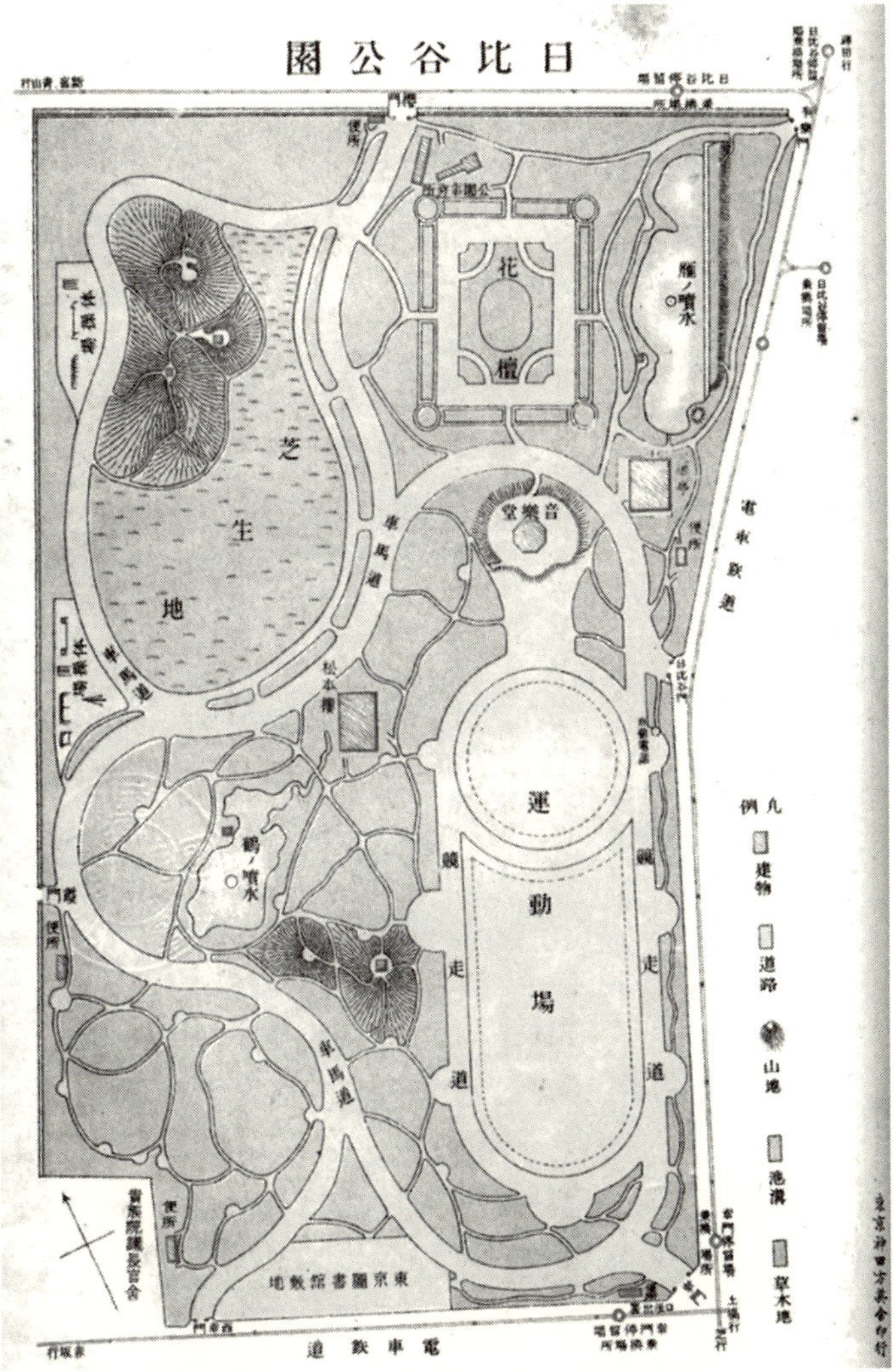

日比谷公園案内図（1907年）

日比谷公園は一寸《ちょいと》観た処で三の欠点がある。第一池の水の不潔なること、第二藪の多きこと、第三便所の尠《すくな》きこと。

同じ新聞の別の面には、開園式の混雑に乗じて見物人の懐からガマロを抜き取ったスリが警官に取り押さえられたというニュースが報じられている。おそらく日比谷公園初の逮捕者である。記事内の「水の不潔」とあるのは、池や噴水の水が汚かったということだろうか。便所が少ないというのも正直な感想なのだろう。やはり新たな公共機関が生まれる際にインフラ面で不備が出てしまうのは致し方ないところである。ちなみに開園日に池で泳いでいた鯉は、その前日に浅草公園六区にある瓢箪池の鯉の中から大きくて立派なものを選び、ドタバタと運んできたものである。そんな状態だから水が濁っていても不思議はない。仮開園にまでこぎつけることが一つのテーマになっていた。とにかく開園して大勢の人の目に晒されれば、どの部分を修正すればよいのかという問題点も可視化される。完成品ではないからこそ、アップデートとイノベーションの余地があるというわけだ。

喫茶店に洋食屋、結婚式場が登場――ケからハレの場所に

日比谷公園では荷車や馬車、明治初年頃に発明されて、江戸時代の籠よりも早いことからこの時代に広く普及した人力車などの入園を禁止。広告看板や大道芸人、行商などの立ち入りを禁止する一方で、盆栽ショップとしての植木屋、珈琲店、茶店、ミルクホールなどの出店を認める方針であった。ミルクホールというのは、これも明治の初期に出現した文化で、日本人の体格向上のため、肉食と牛乳が広く奨励されたからである。日本の牛乳の歴史は飛鳥時代にまで遡るが、世間に広く普及したのは言うまでもなく幕末の開国以降だ。横浜にやってきた外国人たちが牛乳を必要としたことがきっかけである。オランダ人のスネル兄弟が横浜の居留地に搾乳所を開き、同じ外国人相手に牛乳を売り始めた。それに目をつけたのが千葉で農業をやっていた前田留吉《とめきち》である。彼はスネル兄弟から乳の搾り方などのノウハウを学び、牛乳の販売を開始する。乳を搾られたことのない和牛が相手だったから、当初は搾乳を嫌がって暴れたり蹴られたりと大変な苦労だったようだが、明治二年に前田は民部卿由利公正の指令により、皇居吹上御所に五頭の白牛を連れていき、明治天皇が見る中、牛の乳搾りを披露したのである。これがきっかけで天皇は毎日二度、牛乳を飲むようになる。このことが新聞で報じられたのが明治四年、ほどなく日本初のミルクホールが出現する。明治天皇はこの少し後には牛肉も食べており、ナイフとフォークの使い方も練習した。

東京の中心部には広大な武家屋敷の跡地がたくさんあったので、あちこちで牧場が開かれた。この頃、搾乳業に参入した人たちの中には旧旗本で子爵や男爵といった華族が多い。つまり明治維新以降の武家の商売だったわけだ。明治六年の時点で都心部には七軒の牧場があり、その後もさらに増えていった。北海道大学の前身たる札幌農学校の開校が明治九年なので、東京の酪農史は北海道より早いということになる。特に牧場が多く作られたのが港区や文京区だったというのは興味深い。当初は、牛乳を飲むと西洋人のように目が青くなる、髪が赤くなるなどと言われたりもしたけれど、明治天皇みずからが宣伝塔になったおかげでマスコミ・メディアも牛乳と肉食を啓蒙し、普及につながった。牛乳が有益だったのは母乳の代用品になったという面も大きい。それまでの日本では母親の乳が出ないと乳母を探すか、おもゆや、おもゆに蜂蜜をくわえたものを乳児に与えるしかなかったのである。おもゆと牛乳では栄養価が段違いであり、乳児にとってどちらが有効なのかは言うまでもない。明治四年には「乳母いらず」という商品名でガラス製の哺乳瓶が発売されている。それと並行して鷲印の練乳も日本に入ってきて、これを湯で薄めたものがまた母乳の代用品として重宝され、明治二十年代には国産の練乳も作られるようになる。牛乳は日本の育児文化にもイノベーションを起こしたわけだ。そんな背景があったので、日比谷公園としてもミルクホールや肉食のできる洋食屋はウェルカムだったようだ。

開園の翌年に公入札で洋風喫茶店・日比谷松本楼が二月に、続いて十一月には和風喫茶店三橋亭という飲食店が、公園敷地内にオープンする。このうち、今も健在である日比谷松本楼は、銀座で松本楼という食堂を経営していた小坂梅吉が落札したもので、すぐそばの首かけイチョウと共に日比谷公園の象徴ともいうべき存在となった。カレーで有名な松本楼は本格的なフランス料理店であり、当然ながらまだ日本人に馴染みが薄かったナイフとフォークが使われた。庶民にとって松本楼で洋食を食べることはささやかな贅沢であり、そこでナイフとフォークの使い方を学んだわけだ。外食文化としての洋食店がポピュラーになるにつれて、一般家庭の食卓でもナイフとフォークが使われるようになる。現代のわれわれは箸と同じようにフォークを使い、そこに違和感を感じることはない。長い歴史の中で、和洋の文化が融和した結果だけれど、その起源は明治のこの時代にあるわけだ。

開店当時の松本楼

三橋亭は今の日比谷パークセンターの位置にあり、洋食の松本楼に対して和風喫茶店というのが興味深い。詳しいメニューはわからないけれど、当時の読売新聞記事には「茶菓一人前五銭、日本料理一品十五銭の軽便主義にて、汁粉《しるこ》、鮨等もあり、また別に洋食室、玉突き場等あれば」とあるから、和洋折衷のスタイルだったようだ。いわゆる喫茶店は明治二十一年に下谷《したや》区上野西黒門町二番地（現在の台東区上野一丁目）にオープンした可否《かひ》茶館《さかん》が先駆けであるから、この頃にはそれなりに普及していたと思われる。可否茶館のあった場所はＪＲ御徒町駅のすぐ近くで、つい最近、オリックス上野一丁目ビルが建てられて、「日本最初の喫茶店『可否茶館』跡地」という記念碑がある。

最初にオープンした二軒の評判がよかったので、翌年には洋風レストラン麒麟亭と結婚式場高柳亭がオープンする。前者は現在のフランス料理南部亭、後者は日比谷パレスで、名前は変わっても結婚式場なのは変わっていない。開園三年目の時点で結婚式場があったということは、非常に興味深い。日比谷公園はハレの門出の舞台だったようである。

日本初「野外音楽堂」の完成——西洋音楽が市民のもとへ

ハレの舞台といえば、音楽堂にも触れる必要があるだろう。開園直後の六月十五日に市会で音楽堂の建設が決まった。本多の設計では「音楽台」とされていた、日本初の野外音楽堂である(現在の小音楽堂にあたる)。八角形の屋根を持った日比谷公園にふさわしい西洋風の建物で、明治三十八年に竣工、八月一日に開堂式と初演奏会が行われた。第一部が陸軍軍楽隊、第二部が海軍軍楽隊の演奏である。前島康彦の『日比谷公園』に当日の曲目があったので、そのまま引用する。

第一部
一、行進「日章旗」作者　永井建子
二、大序「歩哨の警報」タロドミール
三、歌劇「フォースト第一」グーノー
四、ヴァルス「安留爾多」アルヂチー
五、ポルカ行進「タ・ラ・ラボンデレー」セイセル
第二部
一、行進「米国旗と永久」スーザー
二、大序「ギュイヨーム・テル」ロシニー
三、歌劇「タンホイゼル」ワグネル

完成当時の野外音楽堂

四、長唄「老松」当軍楽部
五、ヴァルス「深夜の会合」ストロース

永井建子は「けんし」と読む。軍人にして音楽家であり、この時の陸軍戸山学校軍楽隊楽長であり、この日の演奏でも指揮を務めた。つまり、晴れの舞台で自作の曲を披露したわけで、責任重大ではあるが、気分はよかったろう。永井と軍楽隊については後ほど触れるとして、二曲目のタロドミールは調べたけれどよくわからない。次の歌劇とあるのはシャルル・グノーの「ファウスト」だろう。五幕のオペラだから、その一幕目を演奏したということか。四曲目もよくわからないけれど、イタリアのルイージ・アルディーティではなかろうか。ヴァルスはワルツのことかもしれない。次の「タ・ラ・ラボンデレー」セイセルというのもまったくわからない。とりあえずポルカとあるので二拍子の行進曲なのは間違いなさそうだけれど……。

海軍の演奏に話を移そう。一曲目「米国旗と永久」だ。これはわかる。鼻歌で歌える。ジョン・フィリップ・スーザ作曲の『星条旗よ永遠なれ』で間違いないだろう。スーザは海兵隊の楽団出身だから海軍が演奏するのもわかる。これは首を賭けてもいい。二曲目もクイズとしてはさほど難しくない、これはイタリアのジョアキーノ・ロッシーニ作曲の「ウィリアム・テル序曲」でしょう。

その次も簡単だ、リヒャルト・ワーグナーの「タンホイザー」だろう。次の長唄「老松」は、四代目杵屋六三郎が母親の八十歳のお祝いに作ったとされている。謡曲の「老松」からインスパイアされたようで、めでたい言葉が並んでいる。最後の「深夜の会合」ストロースというのもわからない。ストロースと言われるとどうしても『悲しき南回帰線』を書いた構造主義のあの人を思いださずにはいられず、クロード・レヴィ＝ストロースはまだ生まれていないはずだ、などと考えていたのだが、これはおそらくストロース＝シュトラウスであろう。ただ「深夜の会合」なる曲がヨハン・シュトラウスのどの曲なのかはわからなかった。

長々と曲目を挙げたのにはわけがある。かろうじて蓄音機は存在していたけれど、ラジオもレコードもない時代である。この日の演奏がおそらく日本の一般市民が西洋音楽に触れる先駆けとなったのである。レコードや活動写真が普及して以降の日本の流行音楽は西洋音楽の圧倒的な影響下にあり、河内音頭のような民族音楽の範疇に入るものまでもエレキギターや西洋のリズムを取り入れているのだけれど、西洋音楽が一般に普及するまでにはいささかの時間が必要だった。

日本における西洋音楽の受容の歴史を紐解くと、安政年間の長崎にたどり着く。安政二年（一八五五）、幕府が海軍士官養成のために設立した長崎海軍伝習所に、オランダ海兵隊の太鼓信号・蘭式太鼓が入ってきたのである。そして、日本人が初めて系統だった西洋音楽の指導を受けたのは、慶応二年（一八六六）のこと、徳川幕府の依頼で来日したL・ギュティッグ伍長が三十二人の兵卒にラッパの指導を行なった。限られた一部の人たちが西洋の音楽と接触し、おそらく文化的に心躍る思いを味わったのだろう。幕末の日本では鼓笛隊と喇叭《ラッパ》が密かに流行したのである。つまり、西洋音楽は軍事的な用途でもって日本に上陸したのだ。そしてこの流れを探ると生麦事件にたどりつく。薩摩藩士とイギリス人の間で起きた殺傷事件が薩摩藩とイギリスの武力衝突にまで発展し、薩英戦争が起きたが、災い転じてなんとやらで、これ以降、薩摩とイギリスは親密な関係になり、大政奉還にもつながった。慶応三年の段階で薩摩藩はイギリス式兵制へと全面的に改編したのだが、この時に四十歳以下の能役者に「陸軍楽隊」という名称で鼓笛隊を結成させたのである。薩摩藩主の島津久光はかなりの音楽好きだったようで、明治二年に十代から二十代の若手の藩士三十余名を集めて薩摩藩軍楽伝習隊を結成し、横浜のイギリス軍人にして音楽家ジョン・ウィリアム・フェントンの元へと送り込んだ。お雇い外国人のフェントンは横浜本牧の妙香寺で彼らに音楽を教えた。最初は楽器すらなかったので、日本の楽器と信号ラッパを使って練習したり、楽譜の勉強をしていたが、島津久光が必要な楽器を注文するようフェントンに委託してイギリスのベッソン商会から楽器が届くと、猛練習が始まったという。この様子を見たイギリス人のジョン・レディ・ブラックは「サツマバンド」という題名で英字の新聞に記事を書く。

この薩摩バンドがその後の陸海軍の軍楽隊の母体となるのである。日本には国歌がないから作ったらよいのではないかと言い出して「君が代」のプロトタイプを作曲したのもフェントンであり、それを最初に演奏したのが薩摩バンドであった。明治十七年にはフランスからシャルル・エドアール・ガブリエル・ルルーが来日し、吹奏楽器の演奏法から和声学、理論、作曲、指揮方法などを教えた。ルルーは日本の軍歌も作曲している。永井建子は彼の門下生で軍楽隊員として日清戦争に従軍、その後フランスに留学し帰国後は陸軍戸山学校軍楽隊長となって、この日比谷公園音楽堂で指揮をとるに至った。

長々と創成期の日本の洋楽について語ったのにはわけがある。この時まで、西洋の音楽を受容していたのは主に軍人であり、一般人の耳にはなかなか届かなかった。明治二十年代頃には海軍の軍楽隊出身者を中心に「東京市中音楽隊」が結成され、広告の町回りとして路上演奏を行い、庶民の間に西洋音楽を広めようとしていた。日清戦争に伴う軍歌の流行で一時は隆盛を見せたが、やはり大人数の楽隊は維持費がかかるからか、やがてチンドン屋にとってかわられ衰退した。西洋音楽はなかなか民間に浸透しない。そんな状況の中で、公園での野外音楽堂の演奏会というのは非常に効果的であった。大勢の聴衆が押し寄せ、当初は無料の予定だったのが、人の波を整理するために急遽一人五銭の入場料を設定し、急ごしらえの木の柵などを設置して混乱を防いだ。

そして、これをきっかけに市民が西洋音楽に接する機会が徐々に増えてゆく。野外音楽堂という、近くまでくれば音が聞こえる常設の会場を公園内に設置したのは、非常に賢明な選択だった。この後、西洋音楽はもう軍隊だけのものではなくなる。日露戦争を契機に、国産の記録映画が大量生産される。これらのフィルムは現存していないけれど、映画、活動写真を上映する小屋が増えるきっかけとなったのは事実である。サイレント映画の時代だからもちろん音は付いておらず、上映に際しては伴奏を演奏する楽団と映画の内容を語りで説明する活弁士が必要となる。そこに軍楽隊から流れてきた演奏者たちが参加するわけだ。戦前のサイレントのチャンバラ映画が上映される際に、劇場で演奏されたのは日本古来の音楽ではなく西洋音楽がメインだった。なので映画人口が急激に増加するとともに、人々の耳は西洋の太鼓や喇叭の音に慣れていったということになる。近代化というのは、予期せぬ形で訪れて世の中の景色や人々の意識を変えてゆくものであるらしい。そういった西洋音楽の普及と並行して、学校教育の中に合唱や吹奏楽が取り入れられ、西洋音楽はさらに日本に根付くことになる。はじめは軍のために受容されたものが、やがて娯楽になり教育と結びついて一般化したのである。

モダン図書館の建設

先に、日比谷公園には日本の近代化のすべてがあると書いたけれども、近代化の真打ちともいうべき事象は開園後にやって来た。それは何かというと、文化と政治思想、そして風俗ということになる。まずは文化の方から、順を追って見ていきたい。

明治三十八年、東京市立図書館を設立する運びとなり、翌三十九年から地質調査などを重ねた結果、日比谷公園内に建設することになった。設計者は京都三条の中京《なかぎよう》郵便局や、中国の旧奉天日本領事館などで名を残した三橋四郎《みつはししろう》。施工は大手ゼネコン鹿島《かじま》建設の前身である鹿島組。三橋は本書に登場する人物の中では珍しい江戸の幕臣の息子。鹿島組の創業者である鹿島岩吉《いわきち》は現在の埼玉県所沢にあたる武蔵国入間の生まれで、江戸は四谷で修行をして大工の棟梁となった。

図書館の敷地は、一時は国会議事堂や官庁街の建設地候補になったものの、地盤の悪さから見送られた土地であり、建設中も軟弱な地盤から地下水が湧き出たりして工事は難航したが、明治四十一年の夏には完成。十一月十六日の開館式を迎えた。建物は木造のアールヌーヴォー様式で、当時の東京百建築の一つに数えられ、絵葉書にもなったほどだ。残された写真で見てもモダンな、いかにも明治の西洋建築という感じである。一般への公開は二十一日からだったが、初日から連日満員、大盛況であった。特に児童閲覧室が少年で溢れかえり入りきれないほどで、「おじさん、

日比谷図書館

廊下でもよい我慢するから入れてくれ」と事務員にせがむ子どももいたという。文部科学省のホームページで確認すると、近代学制が発布された翌年、明治六年の就学率は二八％、それが明治十六年には五〇％に到達し、日比谷図書館が開館する前年にはなんと九八％となっている。ちなみに義務教育という文言がはじめて登場するのは明治十九年であるが、その理念は明治のうちにほぼ達成されたことになる。識字率が高くなれば活字産業の活性化にもつながるわけで、図書館には義務教育のおかげで本を読むのが好きになった子どもたちが大勢詰めかけたということか。また、児童閲覧室には英語の絵本もあったので、これが大変な人気を得たという。草創期の日比谷図書館には、日英文庫という洋書の一大コレクションがあり、その中には子ども向けの絵本もあったので、児童閲覧室に回されたのである。この日英文庫、別名をゴルドン・コレクションといい、イギリスに留学中だった宗教学者の高楠順次郎が、親日家で仏教の研究家でもあった英国貴族エリザベス・アンナ・ゴルドン夫人と知り合ったことから始まった。高楠は日英の友好と理解のために英語の古書を集めて日本に送り、そのコレクションで図書館を開きたいと考えた。それに賛同したゴルドン夫人が知人に相談し、イギリス国内の知識人たちのネットワークによって新聞広告が出されたり、賛成者を募ったりした結果十万冊を超える英国書籍が集まったのだった。書籍の運搬に際しては貿易会社大倉組商会のロンドン支社が東京の本社に連絡をして全面協力、図書運搬用の箱を製造し、日本郵船もこの趣旨に賛同して海外輸送を無料で引き受けた。大倉組商会は乾物屋から鉄砲商、さらには貿易事業に手を広げ、一代で大倉財閥を築き上げた越後出身の大倉喜八郎の会社で、そのロンドン支社は日本の企業が初めて海外に開いた支店であった。大倉組は土木事業にも進出しており、この土木部門が独立し、後のゼネコン大成建設となる。

人々の善意で集まった十万冊が、これまた人々の善意で海を越えたのはよいけれど、日露戦争後の財政事情もあって新たな図書館を作る余裕は文部省にはなく、開館を控えていた日比谷図書館で受け入れることになったのである。ゴルドン夫人は日比谷図書館が開館する前に来日し、開館式に出席した後も長期間日本に滞在、その間中国や朝鮮にも足を延ばしてみずからの研究を続けた。このゴルドンの研究というのがまた興味深く、「仏基一元」つまり仏教とキリスト教のルーツは同じではないかというもので、大乗仏教の教えとキリスト教の教えに共通点を見出している。

彼女が書いた論文『弘法大師と景教の関係』は高楠が翻訳しており、今でもＫｉｎｄｌｅで読める。これを読むと真面目で信心深く、なおかつ旺盛な知的好奇心の持主だった彼女の人柄が垣間見える。景教というのは五世紀にコンスタンティノープルの大主教となったネストリウスが説いた古代キリスト教の教派の一つで、異端とされたために追放され、七世紀頃に中央アジア、モンゴルに伝わったネストリウス派の中国での呼称である。ゴルドン夫人の研究は遣唐使として唐に渡った弘法大師空海が、そこで景教と接触し、影響を受けたというものだった。ちなみに明代末の西安で景教が唐に入ってきた際に作られた石碑が発掘されている。これが「大秦景教流行中国碑」と呼ばれるもので、ゴルドン夫人はこの石碑のレプリカを作って高野山に納めた。その後も日本で研究を続け、書籍の執筆や講演などをしていたゴルドン夫人だったが、第一次世界大戦に従軍した長男が戦死するという悲報に急遽帰国、その際に日本で集めた資料を早稲田大学に寄贈した。寄贈先が早稲田大学だったのは、アジア圏からの留学生に広く門戸を開いた大隈重信を高く評価していたからである。これらの資料は今も早稲田大学中央図書館で「ゴルドン文庫」として保存されている。また、高野山大学にも景教を中心とした「ゴルドン文庫」がある。彼女は大正九年（一九二〇）にはふたたび来日、大正十四年に京都ホテルの一室で息を引き取った。葬儀は京都東寺にて仏式で行われ、その墓は高野山、彼女が寄贈した景教の石碑の傍らにある。

日英文庫十万冊のうち、閲覧できるようになったのは四万五千冊ほどだったらしいが、それでも大変な量であり豊かな知的財産である。当時のインテリには重宝したろう。市立図書館は東京の中心にある図書館として長く機能し、関東大震災でも一部が破損したのみで倒壊しなかった。

公園が暴動の場に——日比谷焼打事件の政治運動

そして政治思想の話になる。

日比谷公園が開園した翌明治三十七年、大日本帝国とロシア帝国は交戦状態に陥る。日露戦争である。日露戦争について詳しく説明しだすととんでもないことになるので控えておくが、練兵場の土地を巡って迷走していた感のある大日本帝国の陸軍省・海軍省が日清戦争を経てロシア帝国と戦えるところまで成長したというのは驚きではある。その年の五月八日に日比谷公園で、東京市民大祝捷会が開かれ、十万人を超える群衆が集まった。これは陸海軍の軍楽隊が演奏し、市民が提灯行列で日露戦争の勝利を祝うというもので（もちろん、この時点では日露戦争は継続中である）、いわゆる国威発揚イベントである。この手の祝勝会は日清戦争の時には主に上野公園で行われていたのだが、皇居に近い日比谷公園の開園によってこちらに移動してきたのだ。この日は広い日比谷公園内が大勢の群衆で埋め尽くされ、混乱が起きた桜田門前あたりで提灯行列の市民十九人が死亡するという痛ましい事故につながった。

これ以降も日比谷公園では同様の祝捷会イベントがたびたび開催され、翌明治三十八年も年頭の一月八日から祝捷会が行われたりしていたが、九月に大変な事件が起きる。いわゆる日比谷焼打事件である。

日露戦争を終わらせるために、八月から九月にかけてアメリカ大統領セオドア・ルーズベルトの斡旋によってポーツマスで日露講和会議が行われた。日本からは外務大臣小村壽太郎、ロシアの全権大使はセルゲイ・Y・ウィッテだった。いわゆるポーツマス条約である。八月末にこの会議の内容が報道されると、都市部を中心として国内に不満の輪が広がり、日露戦争講和反対運動が起きた。第二次世界大戦後の平和教育を受けた現代のわれわれには、ちょっと信じられないのだけれど、戦争中の国民が「そんなに簡単にこの戦争を終わらせるな！」という市民運動を始めたのである。反・反戦運動だ。何故、こんなことになったかというと、国内では連戦連勝の報道がなされ、幾度となく市民大祝捷会が行われて提灯行列でお祝いをしていたのに、いざ戦争を終えるための話し合いになったら、ロシア側は日本に賠償金を払うわけでもなく、領土問題などで譲歩する程度だ。つまり、報道では連戦連勝の大勝利と言われ、それを信じてきたのに、実際には大国ロシアの一部に傷をつけた程度でしかなかった。当たり前の話だけれど、戦争というのは市民の生活を圧迫する。国民がそれに耐えてきたのも、大勝利という報道を信じてきたからだった。とはいえ政府としては、これ以上日露戦争が続いた場合、財政はさらに苦しくなり明るい展望は望めないのが明白だったから、このあたりで講和するしかなかった。

市民の間で不満が募るなか、講和条約調印の日がやってくる。その当日九月五日には、対外強硬派の七つの政治団体が集合して結成された講和問題同志連合会が、小村外交を弾劾するための国民大会と京橋新富座での演説会、懇親会を計画する。この国民大会の議長は陸奥国三春藩出身で衆議院議員にもなった政治家の河野広中、同志連合会の主要メンバーには筑前出身で自由民権運動に身を投じて玄洋社を結成した頭山満もおり、基本的にこの二人が主催である。彼らの動きに不穏なものを感じた警視庁はこの国民大会を禁止する意向で、当日は日比谷公園の各門に警官を配置していたが、午前中から人が集まり始めた。警察は園内にいた者を追い出し、丸太造りの柵で門をふさぎ、日比谷公園全体を完全に封鎖した。ところが、集結した群衆の間から警察に対して不平不満の声が飛び交い、石を投げる者まで出てきた。制止しようとした警官が柵から出てくるとステッキや蝙蝠《こうもり》傘で殴りかかる。完全な暴徒である。正午には数万人が集結し、正門前には人が溢れかえって路面電車も運行不可能になった。この時、公園を警備していた警官は三百五十人というから決して少なくはない。だが、相手は万単位である。無力という他ない。この時の警官たちの気持ちを察すると空恐ろしいものがある。彼らと相対していたのは単なる群衆ではなく、強い意志と衝動にかられて集まってきた殺気すら帯びた集団である。しかも統率者はいないようなものだ。彼らの中には警察や国家の理不尽さを指摘してその場で演説を始めるものもおり、それに声援を送るものもいる。そこに、警察が東京市に無断で日比谷公園を封鎖したことを非難すべく、数名の東京市参事会員がやってきて、自分は市の参事会員だから職務で公園の中に入る、と警官をあしらって公園に足を踏み入れた。それを見て勢いを得た群衆はわれもわれもと警官隊を突破して、公園の中に一気に雪《な》崩《だ》れ込んだ。そして暴動はここから始まる。ともかく公園に押し入った集団は予定通りに国民大会を開催する。「国民大会」や「鳴呼大屈辱」と書かれた旗が並び、アジテーションの言葉が書かれた垂れ幕の付いたバルーンも上がったという。日本におけるアドバルーン広告の歴史は

日比谷公園で行われた講和問題についての演説会

大正時代の化粧品会社が先駆けで、後の二・二六事件においては反乱兵の鎮圧懐柔にも使われたが、この時代からあったのである。国民大会の参加者にはその場で日の丸に黒布を付した小旗が配られた。こういったグッズがあるとイベントは嫌でも盛り上がる。開会の合図に煙火が上がると、参加者たちから大歓声が上がったという。煙火というのは、狼煙《のろし》や花火を意味する言葉なので、派手な打ち上げ花火が使われたのかもしれない。ノリ的にはほぼロックの野外ライブである。講和問題同志連合会の面々が「講和条約破棄決議案」や「満州各軍に打電すべき決議案」を読み上げると、聴衆から拍手喝采が起こったというから、やはり野外フェスである、マイクやスピーカーがあったわけではないから、おそらくほとんどの参加者は演説の内容を聞き取れはしなかっただろう。とにかく興奮と熱狂がその場を支配した。そして楽隊が「君が代」を演奏、万単位の群衆が拍手喝采、全員で天皇と陸海軍に対して万歳三唱したというから、国粋ウッドストックか。混乱の中、トータルで三十分ほどの間で終了したが、本番はそこからだった。頭に血が上った集団がそれくらいで解散するわけはなかった。藤野裕子『都市と暴動の民衆史　東京・1905―1923年』によれば、民衆はそこから三つのグループに分かれた。一つ目は講和問題同志連合会のデモに合流したチームで、これが二千人ほど。二重橋付近で警官隊と激突したデモ隊は、その後新富座に移動して演説会を開き、そこでも警官隊とぶつかった。

二つ目は、国民新聞社に向かった四千人ほどの集団で、リーダー格と思しき「壮士体」「書生風」の男が「国民新聞は露探なり！　故にわれわれ国民はコレを破毀《はき》すべし！」と叫ぶと、それに呼応した群衆が石や煉瓦を投げつけた。銀座煉瓦街からさして遠くない場所で、文明開化の象徴でもある煉瓦が投げられたというのは興味深い。さらに数名が細い丸太で戸をぶち破って社内に侵入すると、新聞社の象徴でもある輪転機を破壊した。建物の外からは消防用の竹梯子を立てかけて屋上に登り、新聞社の看板を外した。活動家が郵便箱の上で演説を始めると群衆の間からは万歳の声が上がる。応援の警官隊が駆けつけ梯子を撤去し演説していた男を連れ去るまで興奮は収まらなかったという。国民新聞社は明治の評論家、ジャーナリストであった徳富蘇峰が明治二十三年に創刊した新聞で、講和問題に賛成したために「露探」であると決めつけられて槍玉に上がったわけだ。「露探」というのはロシアのスパイを意味する。

国民新聞社はこの八年ほど後の大正二年、第一次憲政擁護運動の際にも護憲派の民衆に襲撃されている。

三つ目のグループは、日比谷公園正門を出たあたりの内務大臣官邸の裏門周辺に群がった。その場所に、講和全権委員としてポーツマスでの会議に参加した小村壽太郎、高平小五郎、さらにはルーズベルト大統領を打ち首獄門にした絵が描かれ、その下に檄文が書いてある張り紙が貼られて、それが人を集めたのである。駆けつけた警官が張り紙を剥がすと群衆は激昂し、警官を囲んで殴り、石を投げつけた。警官が内務大臣官邸の中に逃げ込み鉄の門を閉ざすと、暴徒は丸太で門をぶち破り邸内に雪崩れ込み、警衛詰所を破壊したというから凄まじい。桂太郎総理や芳川内務大臣の官邸も焼いてしまえという声もあったそうで、実際、六時頃には内務大臣官邸の煉瓦塀を壊して侵入した男たちが石油をかけて放火した、これが「焼打事件」と呼ばれる所以である。消防隊員は群衆に邪魔され怪我を負いながらも消火に努めたが、二棟が全焼した。

非常事態と見た麹町警察署長は警官たちに抜剣命令を下した。また、攻撃を受けた官邸は近衛師団の出動を要請する。これでもしも群衆が武装していたとしたら、クーデターもしくは内戦である。抜剣命令を受けた警官たちはサーベルを抜き暴漢たちに斬りつけたが、これは逆効果だったようで、群衆はさらに興奮、激昂した。内務大臣官邸には軍隊まで出動して、夜の九時頃には沈静化したように見えたが、事態はまだ収まらない。それから日比谷近辺の警察、派出所への放火が始まったのだ。九月五日の夜から翌六日の明け方にかけて、興奮した暴徒が警察署、派出所を大勢で取り囲み、石を投げて窓ガラスを割り、中に押し入って物を壊し火をつけた。彼ら群衆がオートバイを盗んで走り出さなかったのは、まだオートバイが日本で普及していなかったからだろう。日比谷公園の周辺から始まったこの焼打運動は多数の集団に分散して東京市内に広がった。ここで注目すべきは、警察に火を放った集団が、ただ熱狂と興奮に駆られた無秩序な暴徒ではなく、警察に火を放つ際にも、近隣の民家への延焼がないように気を使って火を付けたことだろう。東京は江戸時代から一貫して火事に弱く、大規模な火災が起きると大勢の人命が失われる。江戸＝東京に住む人々は火事の恐ろしさを重々承知していた。なので、この時に警察・派出所に火を放った集団も、大規模な火事を起こさないように民家と隣接するような派出所に直接火をつけるようなことはせず、派出所に押し入るとその中の機材などを大きな通りに運び出して、そこで油をかけて燃やしたという。江戸時

焼打事件跡

代から何度も悲惨な大火を経験しているから、暴徒と化した群衆もそれだけは避けようという冷静な意識があったわけだ。彼らの怒りはただ純粋に国家と警察、そして一部のマスコミに向けられていたようである。ただし後にはそれ以外のものも破壊するようになるのだけれど。

複数に分かれた焼打集団は、東西南北に移動しながら途中で離脱する者もいたけれど、集団が

移動した場所で新たに焼打に加わる者もいて、東京全体へと広がっていったのである。もちろん、実際に焼打行為に参加したのはごく一部の人間たちだが、それに声援を送る野次馬も大勢いて、焼打に使うために炭俵を提供した者もいた。東京全体で、国家及び警察に対する不信感が募っていたということだろう。この夜、襲撃を受けたのは国民新聞社以外では、外務省、枢密院議長官舎、米国公使館、神田駿河台ニコライ堂など、それに桂太郎内閣総理大臣私邸及び桂の愛妾であった元芸妓、お鯉が住んでいた赤坂榎町の自宅まで襲われて、塀の外から大小の石が投げ込まれ「桂とともにお鯉も殺せ」などと言われた。この、お鯉という女性は本名を安藤照という新橋の芸妓で、一度は歌舞伎役者の十五代目市村羽左衛門と結婚したが数年で離婚、芸妓に復帰して山県有朋の紹介で桂に身請けされたその年に焼打事件に遭遇している。桂の本妻が病気がちだったので、それに代わって桂を支え、総理大臣官邸内にも「お鯉の間」が作られた。総理大臣の妾が世間の人々に周知されるというのは、今の時代からはちょっと考えられないけれど、「桂公のお鯉さん」と呼ばれて世の人々から親しまれていた。だからこそ、焼打に際して「国賊桂の妾を殺せ！」という流れになったわけだ。この時お鯉は二十六歳、自分を殺せと騒ぐ暴徒らの声を聞きながら、死に装束に薄化粧で懐には短刀を忍ばせて座敷に正座していたという。桂の死後は彼の私生児を引き取って育て、銀座にカフェを開いたりして生活していたが、昭和九年（一九三四）

に帝人疑獄事件に巻き込まれて偽証罪に問われる。その際に身元引受人となった頭山満に勧められて出家し、妙照尼を名乗り、住職がいなくなって荒れ寺になっていた目黒の五百羅漢寺の尼住職になった。五百羅漢寺の本堂の傍にはお鯉観音があって、縁結びの観音様として親しまれている。まだ若い頃に『お鯉物語』と『続お鯉物語』という語り下ろしの自伝を出しているのだけれど、それ以降も充分に面白い人生を送った女性である。

焼打騒ぎは夜が明ける頃には一旦おさまり、お鯉さんも桂太郎も無事ではあったが、明けた六日の午前中からまた内務大臣官邸の周辺で騒ぎが起き、官邸の壁が壊されたり火のついた木片が投げ込まれたりした。サーベルを持った警官隊がこれを制圧しようとするが、騒ぎに参加する群衆の数は膨れ上がるばかり、近くに停車していた路面電車に乗り込んだ男が乗客を追い出して座席を壊し、石油を浴びせて火をつけるという暴挙に出た。群衆は大騒ぎをしながら燃え盛る路面電車を地車のように引っ張って官邸まで動かしたという。さらには浅草区を中心に教会が襲撃を受ける騒ぎも起きている。前夜に襲われた場所は講和問題と深く関わっていたが、路面電車は日露戦争とあまり関係がないだろう。一説によると路面電車を経営する東京市街鉄道会社が前日の騒ぎに際して警察に協力し、火消しのために消火栓を貸したからだという。また、官邸焼打で出動した警官隊に同社が炊き出しで食事を振る舞ったのが原因だとも言われている。要するに警察に協力する奴は敵だ！　ということなのだろうけれど、いずれにしても根拠の薄い風説である。

浅草公園での教会襲撃も風評被害と言ってよいだろう。この日、浅草公園で駒形福音伝道館の牧師が三人で説教をしていたところ、聴衆の中から「やっつけてしまえ！」という声が上がり、牧師に向かって石や棒が投げつけられたというから、とんだ受難劇である。牧師たちが教会に逃げ込むと、追ってきた暴徒も侵入して中の物を破壊し火をつけた。ここから連鎖的に両国矢ノ倉町にあった両国教会（現在の日本基督教団永福町教会）など他の教会も襲われることになる。牧師の証言によると「法律に背いていなければ何をやってもよいのだ、と思うのはよいことではないですよ」という意味合いの説教をしていたところ、聴衆が暴れだしたらしい。これだけの話ならば問題はないと思われるが、前日の焼打事件を批判されているのだと受け取った聴衆が暴挙に出たらしい。これも一種の風評被害であり、一度発動したならば、そう簡単に止められるものではなかった。また、キリスト教徒を露探ではないかと疑う風潮もあったらしい。さらに、浅草観音の信者たちがキリスト教に反感を持っていたという背景もあったようで、いろいろとややこしい話である。ともあれ、この時に一体何が起きていたのかを、一言で説明するのは非常に難しい。

前述した『都市と暴動の民衆史』には、非常に興味深い例が紹介されている。神田に住んでいた蛭川武吉という男は、その夜たまたま下谷にあった日本基督教下谷教会が焼打されている現場に通りかかった。白い洋服を着ていた蛭川は警察関係者と間違われて群衆から石を投げつけられて殴られた。一緒にいた友人が止めに入ったことで助かった蛭川は、なぜかその時持っていたピストルを掲げて「是より本郷方面に向かう！」と叫んだ。それまで蛭川に殴りかかっていた暴徒たちは喚声を上げて蛭川に付き従い、本郷署まで行くと、そのまま警察署を襲撃した。何がなんだかよくわからない。蛭川は友人と酒を飲んでいたので、酔いに任せての行動だったかもしれないが、警官と間違われて襲撃された男が、自分に襲いかかった暴徒を率いて警察署を襲撃するというのはかなり無茶苦茶である。蛭川がどのような気分でこういう行動に出たのか、今のわれわれにはよくわからないし、また警察署で大暴れをした連中の考えもよくわからない。本郷署には百五十名を超える暴徒が押し寄せて瓦礫を投じ、仕込み杖を抜いて斬りかかろうとした者も居たというが、最終的に七十名が取り押さえられ勾留された。彼らの大半は先導者である蛭川と面識がなかったはずだ。まったくもって集団心理というのは恐ろしい。

騒動が起きて三日目にあたる七日の午後六時すぎに本所警察署に二百名ほどの集団が押し寄せた。当然のようにサーベルを抜いた警官隊と暴徒は交戦状態に陥り、五人の死者が出て、四十六人が検挙された。ただし、本所警察署以外の場所では騒乱は起きず、三日目にしてようやく事態は収束したと見てよい。本郷署が襲撃された六日の深夜に戒厳令が敷かれたのが功を奏したようである。くわえて七日は夕方から激しい雨が降った。それで頭を冷やした人も多かったのだろうか。

この騒ぎでの死者は十七人、負傷者は二千人にのぼった。また、二千人が検束（今でいう留置）され、現在の騒乱罪にあたる兇徒聚衆罪で三百十一人が起訴されて、そのうち八十七人が有罪となっている。その多くは職工、車夫、人足などの都市労働者だったという。また、この事件をきっかけに講和反対運動は高まりを見せ、日本各地で県民大会、市民大会、郡民、町民大会が開かれ、九月七日には神戸で、十二日には横浜でも騒擾《そうじょう》（騒動）が起きている。この、世間のきな臭い動きは、十月四日に枢密院で日露講和条約が可決されるまで続いた。

しかし、なぜここまで大きな騒ぎになったのだろうか。騒乱のきっかけとなった講和問題同志連合会が結成されたのは七月、小村壽太郎全権大使がポーツマスへ向けて渡米する直前である。小村が渡米するために新橋停車場を出発した際、新橋の駅には大勢の群衆が集まって歓声をあげ、万歳を叫んで小村を見送った。この時点で国民の多くは対ロシア戦の大勝利を信じていたので、このたびの講和条約においても、ロシアから多額の賠償金をふんだくった上で領土問題においても大きな成果があるはずだと期待していたのである。講和問題同志連合会は、日露戦争開戦時からイケイケの強硬派だった対露同志会を含む対外強硬派の七つの団体が一つに合流した組織だから、彼らもまた小村全権大使がポーツマスでロシアから多額の賠償金と広い領土をふんだくって帰国することを期待していただろう。この頃、戦勝気分に浮かれていた日本国内では、日露戦争終結に際してのロシアから日本への賠償金は二十億円だの三十億円だのという根拠のない希望的金額が期待されていた。それくらい、日本の国民はロシアに勝った気でいたのである。悪いのはもちろん、過大に騒ぎ立てた国家とマスメディアだ。ところが、いざ講和条約が報じられると、日本は賠償金を放棄するという話になっていた。戦争というのは国民に多大な負担を強いるわけで、この時点で日本国民は日清日露の戦争に大きな負担を感じていた。とにかく戦争というのは人々の生活を圧迫するのだ。それでも、戦争に走る国家に異を唱えなかったのは、超大国ロシアと戦争をして、わが大日本帝国が勝っているのだ！　とメディアに吹き込まれたからだ。ロシアと戦争をして、二十億だの三十億だのという賠償金が発生したとして、これが国民の懐に入るわけではないのだけれど、当時の日本はまだ開国して数十年の小国である。近隣の東アジア諸国が欧米列強に押される中、大国ロシアと島国日本が戦って勝つという図式は、ナショナリズム的には相当甘美なものがある。ロシア文学を学び、初期の代表作『浮雲』の一部はロシア語で書いてから日本語に翻訳したという二葉亭四迷が言文一致体を発明してからずっと、日本の近代文学にとってロシアの文学は直接的な父親であり続けたけれど、その言文一致運動には、父なるロシア文学からの独立を目指すという一面もあった。そもそも二葉亭がロシア語を必死で学んだきっかけは、日本から目と鼻の先にある大国ロシアに脅威を感じていたからである。日露戦争の後くらいから言文一致体は広く普及するので、この時期以降の日本文学は現代人が読んでも読みやすいものになってゆく。ちなみに夏目漱石が『吾輩は猫である』を書き始めたのは日露戦争の最中だ。日露戦争と言文一致運動は日本の近代におけるパラレルな運動と考えてよい。

話を日比谷焼打事件に戻すと、講和問題同志連合会は結成以来あちこちで演説会を行なったりしていたが、講和条約の内容が報道された途端に活動が活発になり、講和条約破毀という方針を固めた。その意見をアピールする場として選ばれたのが国民大会という方法であり、日比谷公園という皇居と官庁街に近い場所だった。路面電車があるから交通の便もよく、しかし、この時点では路面電車を焼くことになるとは誰も思わなかったろう。

この一件に際して暴徒からの襲撃を受けることになった国民新聞以外の新聞は、どれも講和条約の内容に批判的だったという。また、それらの新聞には読者からの投稿も掲載され、講和条約の内容に納得できない庶民たちの不満の声が反映されていた。特に朝日新聞は九月一日から「講和条件に関する投書」という欄を設けて多くの投書を掲載した。その中には日露戦争に従軍して片足を失い、傷痍軍人となった人の投書もあった。この人は実の弟も戦争で失っている。重要なのでまた『都市と暴動の民衆史』から少し引用しておく。

兵隊程馬鹿らしいものはありません。堅く子孫の末まで申伝へて置きます、必ず兵隊に取られぬ様に平素神仏に祈願を致し置け、而して不幸にも兵隊に取られ戦争に行くことがあつても必ず手向ひ致さず第一番に俘虜になれと

これが掲載されたのが焼打事件当日の九月五日。この投書には、第二次世界大戦の敗戦を経験した日本で主流的になった反戦的な言説や文学、反戦フォークソングなどとまったく同じ戦争反対、徴兵忌避のロジックがある。

講和条約の内容に反対する政治活動家や新聞の記事には、まだまだ日露戦争を終わらせるな！という主張があったけれど、庶民の間には厭戦気分が高まっていたようである。焼打騒動が起きた後、講和問題同志連合会のデモ行進に参加したのが、集まった群衆の一部だったことからもわかるように、政治的活動家たちと庶民の思惑は完全に一致していたわけではなかったが、きな臭い空気は共有され、それを新聞が煽っていたふしがある。

ともあれ、焼打事件は近代日本にとって一つのターニングポイントとなる事件であり、完成したばかりの日比谷公園にとっても転機となり、これ以降も日比谷公園は政治活動の場として機能した。また、松本楼のバルコニーが演説を行うのに適していたということもあり、幾度も政治集会が開かれることになった。大正デモクラシーは日比谷公園から始まるという見方もあるほどだ。それと同時に、上野公園から引き継いだ戦勝祝賀会など国家イベントの会場としても従来通りに使用され、伊藤博文の国葬なども行われた。体制、反体制という区別とは関係なく、まさに国民の広場として幅広く機能した、それが日比谷公園なのである、とここまで書いて大事なことを忘れるところだった。

日比谷公園、「野合」の場に

ここから風俗の話である。ダイレクトに性風俗というべきか。何とも困ったことに、明治四十一年七月十一日の読売新聞にはこんな記事が載っているのである。

昨今夜の日比谷公園は全く堕落男女の野合場と化し、毎夜少なくとも十組位の野合者を発見する由にて、風教上捨て置き難しとて、麹町署にては毎夜十数名の密行巡査を派して厳重に取締り居れるが……

「野合」という言葉には二つの意味があり、一つは男女が正式な手続きをせずに関係することを指し、もう一つは政治組織などの集団が、まとまりもなく集まることを意味する、これは選挙でそれまで縁のなかった政党同士が共闘した際などによく使用される言い回しだが、この記事においては前者の意味だろう。堕落男女の野合とあるので、夜の日比谷公園で野外性行為に及ぶ男女がいたわけだ。日比谷公園は仮開園から五年ほどの間に野外セックスの場として世間の男女に認知されてしまったのである。それを取り締まるために巡査が出動したというのも面白い話だ。この夜は、議長官舎裏手の椅子において、なんと十二組の男女が「醜行の現状」を取り押さえられて罰金に処せられたと報じられている。十二組といえば二十四名で、この人数がゾロゾロと麹町署に連行されたということになる。罪状は今でいう公然わいせつ罪だろうか。公園での男女野合はこのあたりから一般的になったようで、似たような記事は他にも見受けられ、上野公園で角帽の男子学生と蝦茶《えびちゃ》袴の女学生が恋愛による堕落、などという記事もあった。

気になったのが、いわゆる出歯亀事件との関係である。日比谷公園の男女野合報道に先立つ同年三月二十二日、豊多摩郡大久保村（現在の新宿区大久保）で銭湯帰りの女性が殺害された。被害者は妊娠しており、その口には銭湯で使った手ぬぐいが押し込まれていたというから痛ましい事件である。この件で逮捕されたのが、当時三十五歳の池田亀太郎という植木職人で、出っ歯だったために出歯亀というあだ名で呼ばれていた。また、この男は常日頃から酒癖が悪く、なおかつ女湯を覗くという悪癖があった。亀太郎は無期懲役の判決を受けたが、冤罪の可能性もあったためか五年ほどで出所している。この事件は当時大々的に報道され、「出歯亀」「デバガメ」という表現は変態や覗き行為を指す日本語として定着した。ちょっと不思議なのは当初は強姦致死として報道された事件が、池田亀太郎の個人情報が報じられるに連れて、なぜか彼のあだ名が独り歩きして、最終的にデバガメが覗き魔を意味する言葉として定着したことである。ただ、同じ時期に日比谷公園を男女の逢引きの場として利用する輩が増えていたとすれば、同時代の現象としてなんとなく腑に落ちるものはある。夜の公園での男女の野合、逢引きはそれから都市の風俗として定着し、昭和の頃まではよくある話になった。それと並行して、夜の公園で逢引きする男女を覗き見する者や、逢引き・野合に熱中している男女の財布などを置き引きする窃盗犯も出現する。これらは、表立った記録には残されにくいけれど、都市の風俗として近年まであったものである。

日露戦争が終わったあたりから性犯罪が増えたという話がある。日比谷公園の男女野合にしろ、出歯亀事件にしろ、戦争が終わった後の庶民の、荒廃した気分と開放された気分を反映していたのかもしれない。

国会図書館がデジタルコレクションでネット公開している『新聞集成明治編年史・第十三巻』で当時の新聞記事を確認すると、三月二十四日の東京日日新聞の記事が見つかった。「湯屋帰りの婦人強姦致死」という大見出しに「宵の口の大久保村の惨劇」という小見出しがついて、本文

「自然派大久保に出没」。強姦致死犯人像のイラスト

で事件の詳細が報じられているのだが、奇妙なイラストが添えられているのだ。二本足で立ち上がったライオンと猿を混ぜたような動物が、帽子をかぶってにやけた顔を見せているのを、髭面の警官が驚いたような顔で見ている。そして「自然派大久保に出没　四月四日「東京二六新聞」」とある。おそらく、この猿のようなライオンのような獣人が「自然派」で、強姦致死の犯人ということなのだろう。体裁としては今でも新聞に載っている風刺画のたぐいである。それでは、こ

こでいう自然派とは何か？　これはおそらく、自然主義文学のことではないか。というのも、この前の年に、田山花袋が『蒲団』を発表しているのだ。この作品は、若い女の弟子に恋い焦がれた男が悶々とする小説で、小説の終盤では女が残した夜着の「汚れている」部分に顔を押し付けて匂いをかぐ描写があり、これが大変なスキャンダルを巻き起こした。なので、この時点で自然主義文学＝性欲をむきだしにする獣のような連中という印象が世間には広まっていたのかもしれない。こういうゴシップは、実際の作品は読まずに評判だけでイメージばかり広がる場合が多い。ジェイムズ・ジョイスの『ユリシーズ』が発表された時も、作品を読んでいない人たちが評判だけで勝手に内容を想像し、実際には書かれていないようなエロティックな場面があると噂して、風評だけが広がったという話がある。この事件は、まさに『蒲団』がブームを巻き起こしている最中だっただけに、自然派の仕業かと受け止められたのだろう。実際に逮捕されたのは、自然派ならぬ植木職人だったわけだが。そして『新聞集成明治編年史・第十三巻』の見開きの次のページには、「平塚明子《はるこ》　森田草平　塩原心中未遂事件」が報じられており、〃「自然主義」の高潮　後の所謂「煤煙」事件〃なる小見出しがつけられている。平塚明子は後の平塚らいてう、森田草平は岐阜出身、夏目漱石門下の作家、翻訳家である。この二人は塩原温泉で心中未遂を行い雪の中で倒れて心中する気力もなくなったところを助けられた。これがちょうど出歯亀事件の翌

平塚明子
森田草平 鹽原心中未遂事件
＝「自然主義」の高潮＝後の所謂「煤煙」事件＝

明治四十一年三月（皇紀二五六八──西暦一九〇八）

平塚明子・森田草平塩原心中未遂事件を伝える記事

日なのである。心中しようとした理由は森田の方に妻子がいたことが大きな要因ではあるが、二人とも文学に耽溺して、厭世的かつ耽美的な希死願望に至ったことが大きい。実際には、この事件をきっかけに森田は『煤煙』という小説を書いて作家として売り出し、平塚明子の方も、有名な女性向け文芸誌『青鞜』の創刊に関わって、平塚らいてうとして名を成すことになるのだから、二人ともなかなかふてぶてしいのだが、この事件はとにかくスキャンダラスなものとして報じられた。文中には自然主義、性欲満足主義と併記されており、世間が自然主義をどのような目で見ていたかがよくわかる。この記事にも風刺画が添えられており、手を取り合って山を登って行く男女の背中を、学生服を着た骸骨が笑って見送っているという構図である。今でもよく見かける死神描写だけれども、死神の胸にはハートのマークがあり、その中に「藤村操《みさお》」の三文字が描かれている。

藤村は北海道出身の旧制第一高等学校の学生で、明治三十六年五月二十二日に日光華厳滝《けごんのたき》で自殺をした。第一高等学校生といえば当時としてはかなりのエリートであり、自殺する直接の理由は誰にもわからず、新聞などのメディアが「厭世観に駆られた死」として報道したため社会に衝撃を与えた。わかりやすくいうと藤村が観念的、哲学的はたまた文学的な意味なき自殺の先駆者になってしまったのである。藤村が自殺した原因は、彼が失恋したからだという説もあるが、それはそれでドイツ文学の傑作たるゲーテの『若きウェルテルの悩み』のような話になってしまう。いずれにせよ自殺の原因は、ある種の肥大した自意識、近代的自我と呼ばれる問題に帰結してしまうのだ。実際、彼の後を追って自殺しようとする若者が続出したというから驚きだ。その大半は警官に止められたようだが、近代日本文学に自殺や心中事件が妙に多いのは、藤村事件から始まる若者特有の厭世観が長く共有されたからではないか。それは、当事者にとってはロマンティックなものだけれど、世間や新聞紙の記者から見るとスキャンダラスで風俗を紊乱《びんらん》する行為に見えるわけだ。

ちなみに藤村は第一高等学校で漱石の授業を受けていた。彼の死を知った漱石は当然のことながら衝撃を受けたようである。夏目漱石といえば、イギリスに留学して西欧の学問、文学を輸入した人と言えよう。東京帝大における漱石の前任者がお雇い外国人である小泉八雲だったことも象徴的である。何度も言うように、明治の日本は、お雇い外国人と留学生によって西欧の文化を大量に輸入し、日本そのものの西欧化を目指した。その過程においては、土木工学、建築学といった物理的な文化だけでなく、社会主義思想や文学、哲学といった精神的な文化も入ってきたわけだ。日比谷に作られた公園の広場では、国威発揚イベントが開かれる反面、国家の政治思想に異を唱える社会主義者たちもまた政治演説を行う。そして、夜ともなれば恋人たちが公園にやってきて野合をし、目に余るものは警察に検挙された。それらのすべてが、西欧化であり近代化の一つの側面だった。

この、公園での男女の野合は第二次世界大戦終結後も、都内の某所で問題となるが、それについては後で触れる。

ところで日比谷公園を作った男、本多静六はというと、各地の公園設計など本職で活躍しながら、筆まめなところがあり、何冊もの本を執筆して随筆家としても売れっ子になった。彼の著作はその多くが『人生計画の立て方』や『私の財産告白』といった生き方のハウツー本、自己啓発本のルーツのような読みやすく庶民に親しみやすいものだったので、今でも現役で流通している。

本多は戦後の昭和二十七年まで生きた。八十五歳だったから、当時の平均寿命を考えると大往生である。

新宿御苑の誕生

内藤新宿、「勧農政策」の地に

ここまではずっと銀座や日比谷という、東京のど真ん中の話ばかりしてきたので、ここらで少し視点を西に移動してみたい。何の話かというと新宿御苑だ。日比谷公園は幾多の人々の思惑を飲み込みながら最終的には本多静六という俊英が完成に導いたが、こちらはその本多の日比谷公園計画にもアドバイザー的に手を貸した福羽逸人という鬼才がキーマンとなった。時計の針も少しばかり、花見の名所新宿御苑の起源に遡ってみよう。

元々は徳川家康の譜代家臣内藤清成の江戸屋敷である。天正十八年（一五九〇）に家康から清成が賜った土地であるが、これがもうめちゃくちゃに広い。四谷から代々木にかけての二十万坪を

江戸時代の内藤新宿

超える範囲である。元禄十一年（一六九八）に甲州街道に新たな宿場、内藤新宿が設けられて、それに必要な土地を内藤家は幕府に返上していたが、それでもまだ広い。

明治維新があって、このだだっ広い土地を大蔵省が買い入れた。明治五年（一八七二）のことである。この時に買収対象となったのは、内藤家の下屋敷と千駄木、新宿周辺を含む十七万坪を超える広々とした敷地である。こんなにも広い敷地を買い入れたのには明確な意図があった。明治政府は殖産産業の一環として日本の主要産業である農業を後押しするために「勧農政策」を実施する。その過程で新宿の広い土地に目をつけたのだった。そしてここから、新たなる時代の日本の農業の未来を見据えた壮大なプロジェクトが始まるのである。そのプロジェクト名を内藤新宿試験場という。当時の流れを説明すると、明治二年四月に民部官が設置され、この中に全国物産の事務を執り行う物産司を設置、翌月には開墾局を設けるが、七月には民部官を廃止して民部省を置き、物産と開墾はそこで扱うことになる。八月には民部省と大蔵省が合併し、翌明治三年の七月に民部省と大蔵省が分離する。一体何のために合併したのかわからないけれど、これは大久保利通や岩倉具視ら薩摩藩勢と三条実美、木戸孝允《たかよし》ら長州藩勢の対立が原因らしい。徴税を司る民部省は貧乏で苦しむ地方民からの減税要求を無視できない。それに対して、財政を司る大蔵省はとにかく財源がほしい。何度も言うように明治の新政府には金がなかった。この両者を合併させた方が権力が中央に集中して便利だろうと考えたのが木戸孝允一派の官吏で、いや、それをやると地方が苦労すると主張したのが大久保利通。とりあえず生まれたばかりの新政府が混乱状態にあったことだけは確かだろう。

明治三年の九月、民部省に勧農局が設けられ、開墾、種芸、養蚕、編輯《へんしゆう》、雑務の五課が設置される。十二月には勧農局の名称が開墾局に変更され、その中に牧牛馬掛が設置される。翌四年四月には開墾局を勧業局と名称変更し、開墾、種芸、牧畜、生産の四掛を設置。七月には民部省が廃止されて大蔵省の中に勧業司が設置される。八月十日に勧業司は勧業寮になり、同月二十三日に勧業寮は勧農寮になった。さらに翌年、明治五年の九月に勧農寮は廃止され、その事務を租税寮雑務課で行うようになり、その後租税寮の中に勧農課を設置し、それはさらに勧業課になる。ここまで読んで、何が何やらさっぱりわからないと思うけれど、書いているこちらもわからない。とりあえず、政治的に混乱していたことだけはよくわかる。この流れの中で十月に勧業課の中に試験場掛が設置されて、内藤新宿試験場が開設されるのである。

内藤新宿試験場

これに先立ち、明治四年には駒場野に牧畜試験場を、霞が関にもアメリカから輸入した西洋野菜、穀物の栽培を試みる試験場を設置していたが、牧畜と園芸、どちらにも対応できる大規模な試験場として内藤新宿が選ばれたのだった。また、明治二年には開拓使という北海道開拓のための官庁が開かれて、明治四年には青山南にあった伊予国西条藩最後の藩主、松平頼英邸の跡地に第一官園を、青山北にあった山城淀藩最後の藩主、稲葉正邦邸跡地に第二官園を、麻布にあった下総佐倉藩最後の藩主、堀田正倫邸跡地に第三官園を開いている。北海道の大地で行う農作物の育成や家畜の飼育方法は、寒冷地に適合することが優先されるので、開拓使専用の試験場が必要だったわけだ。この青山の試験場と内藤新宿試験場は、明治の初期に政府が設立した農業試験場の代表である。青山の開拓使試験場ではアメリカ系の農作物が多く、栽培方法もアメリカ流の農法が試みられたが、内藤新宿はヨーロッパ系、特にフランスのものが多かったという。あちらが米国流ならこちらは仏蘭西流でいこう！というようなライバル意識があったのだろうか？　また、この頃には民間で津田仙が農作物の栽培、輸入、販売から農業関係の書籍まで手広く扱う学農社という会社を設立し、農学校も開いた。下総国佐倉藩の武家の家庭に生まれた津田は、オランダ語や英語を学び、外国奉行の通訳として渡米経験もあった。明治維新の後には築地ホテル館の理事を務めて、アスパラガスなど西洋野菜を栽培し、成功したマルチな人物。学農社を開くまでには嘱託として開拓使にも関わったし、明治六年のウィーン万国博覧会にも書記官として加わり、後に東京で最初期の街路樹となるニセアカシアの種子を持ち帰った。この時代の資料を読んでいると、とにかく誰もが意欲的で、当時の頼もしい空気が伝わってくる。明治政府に金がなかったことは何度も書いたけれど、明治の人たちは基本的にやる気満々で投資を惜しまないのである。

試験場の役割は、内外の動植物を集めそれらを栽培、養畜して性質や適性を調べ、病害に対してはその対処法を研究し、なおかつ生産力を上げる方法はないかと研究することだった。さらに、試してみる価値がありそうに思われた場合は、栽培した苗木などを他府県や民間に分け与えた。それが後に、それぞれの地方で特産品となっている例も少なくない。これがいかに凄いことかというと、苗木を送られた各地方には、苗木や種子だけではなく、試験場を作る、試しに試験場で育てるという「知識」が届いたわけだ。今でいうミームである。たとえば、さくらんぼの生産量日本一である山形の場合、明治八年に東京から洋梨、りんご、ぶどうなどと共にさくらんぼの苗木が三本届いた。翌明治九年には山形の初代県令三島通庸が北海道開拓使庁からりんご、ぶどう、さくらんぼの苗木を取り寄せる。そして明治十一年には試験場を作るのだが、寒河江《さがえ》にいた井上勘兵衛という人は、県が開拓使庁から苗木を導入するのに同行して、自分でも苗木を持ち帰り、自宅で栽培した。井上はその後、日持ちのしないさくらんぼを加工して、缶詰まで製造するようになる。ここで興味深いのは、東京から苗木が来た翌年、北海道の苗木を取り寄せていることだ。山形の冬は寒く降雪量も半端なものではないから、北海道で育った苗木の方が定着しやすかったということか。だとしたら内藤新宿試験場とは別個に青山試験場を置いた開拓使の選択は賢明だったといえる。ともあれ山形のさくらんぼが百年以上経った今も現役の名産品として流通しているのは凄いことで、国の礎を築くとはこういうことかと感心するほかない。

農業に牧畜、飼育に養蚕——内藤新宿試験場の忙しない日々

設立早々から内藤新宿試験場は忙しかった。明治七年には牧畜、樹芸の二掛が設置され、その

数ヵ月後には製茶、農具、農学、養蚕とやるべきことが増えていった。秋には場内に農業博物館も完成した。これがどんな建物だったのか、詳しい資料が残っていないようなのだが、農作物だけではなく、海産品、骨格標本、鉱物標本、肥料に土壌、それに内外の書籍などが置かれ、辞書や音楽書まであったという。その頃、試験場内には二千種を超える植物があり、明治十年には三千種を超えていたという。旅行者が持ち帰ったものや欧米から購入したもの、さまざまな方法で集められたのはわかるけれど、相当な数であって、これは管理するだけでも大変ではないか。それに鶏や鳩、七面鳥なども飼育されていたし、養蚕の試験が進むと製糸の施設も作られるし、後には蜜蜂小屋なども作られた。ガラス張りの洋式温室も建てられた。さまざまな試験が進むごとに必要な施設が増え、仕事も増えてゆくのである。

明治八年には縦覧規則が規定された。つまり一般人が見学できるようにしたのである。時刻は朝の十時から午後四時まで、見学希望者は入口の門で鑑札を受け取り、帰る時には返すこと。ただし、五歳未満の子どもは鑑札不要というのが微笑ましい。他にも合計六ヵ条の規則があって、花を折ったり果物を取ったり畑を踏みつけたりしてはいけない、勝手に獣の檻、蚕室に入ってはいけない等々と書かれた最後の一行に、包み物あるいは笊《ざる》などはすべて門内に持ち込んではいけないとあるのがおかしい。包み物というのは風呂敷などのことだろうが、これを書いておかないと貴重な作物や展示物を勝手に持って帰る輩が実際にいたのかもしれない。

そして試験場の事業は他にもあった。明治七年に農事修学所を設ける計画が立ち上げられ、これをさらに本格的な農業学校にしようというのである。農学係の課長は、上野公園や日比谷公園の計画にも関わった博学の田中芳男である。学校の教師はイギリスやドイツなどヨーロッパから招聘する予定だったが、複数の国から人を集めると後で統率を取るのが大変になるのではないかということで、副長の田中禎次郎がイギリスに渡って五人の英国人教師を呼ぶことになった。

生徒の方は農学、獣医学、試業科、予科の四科で募集をかけたが、これが定員に達せず、再三募集して試験を行い、当初の予定よりは少ない人数が入学することになる。ところが、ここで問題が起きる。というのも、新宿の近くには宿場の遊郭があって、これは教育によくないのではないかという話が持ち上がり、新宿での授業は一年で終わり、明治十一年に農学校は駒場に移転し、後に東京帝国大学農科大学になる。これが東京大学農学部と東京農工大学農学部の前身である。もしも新宿に遊郭がなかったら新宿農業大学とか内藤新宿大学農学部なんてことになっていたのかもしれない。

「薩摩辞書」とオリーブ――前田正名の人的ネットワーク

内務省勧業寮は、明治七年、三田にあった薩摩藩邸跡地を買い取り、内藤新宿勧業寮付属試験場にしていたが、ここで大きな出来事があった。明治二年からフランスに留学し農学を学んでいた薩摩藩出身の前田正名《まさな》がブドウ苗木一万本のほか、オリーブなどさまざまな植物の種子を持って帰国したのだ。前田のフランス土産はあまりにも多く、内藤新宿試験場だけでは受け入れられないほどであった。そこで前田は同郷の大久保利通にかけあい、三田の試験場を使うことになった。前田の帰国が明治十年三月、その年の六月には内藤新宿試験場で樹芸課にいた池田謙蔵を初代の場長に迎えて三田育種場が設立された。ここで内外の農業用植物、果樹、木材の栽培繁殖を行い、成果が出たものは各地に分けることになった。新宿の土壌に合わなかった植物が、三田の土壌に適合したために栽培に成功した例もあったようである。前田の帰国は翌十一年に開催されるパリ万博の準備という面もあったので、三田の現場は池田に任せて、当人はまたパリへ飛ぶことになる。この前田という人は幕末が生んだ一種の怪物的な人物の一人で、幼い頃には緒方洪庵の弟子筋にあたる蘭学者、八木称平のもとで住み込みで手伝いをしながら漢学、洋学を学び、十代の頃には薩長同盟に関わって密使

前田正名

の役割を果たした。その際には坂本龍馬とも出会っているのだが、まだ少年の面影を残す前田を見た坂本は、小柄な前田が腰に差した刀が長すぎるからと自分の刀を与えたという。幕末の混乱し高揚した社会を自分の目で見た少年の夢は、海外留学であった。慶応二年（一八六六）、幕府はついに海外渡航を解禁する。しかし前田の生家は貧しく金はない。手っ取り早く金を稼ぐために靴磨きでもするかと考えていた前田は、同じく海外留学のための資金稼ぎを画策していた兄の献吉と、その友人の高橋新吉が立案した、とある計画に参加することとなった。その計画とは、英和辞書の編纂である。少し遠回りになるけれど、これは説明する必要があるだろう。

文久二年（一八六二）、日本初の本格的な英和辞書が出版された。『英和対訳袖珍《しゅうちん》辞書』という。編纂者は長崎出身の堀達之助、ペリーが黒船で来航した時に通詞つまり通訳をしたという人で、この『英和対訳袖珍辞書』を編纂した。英和辞典としてはこれ以前に『諳厄利亜語林大成《あんげりあごりんたいせい》』が文化十一年（一八一四）に出ていたが、堀の時代においても半世紀前の代物であり、不備が多くて使いにくかったから、『英和対訳袖珍辞書』の刊行は歴史的快挙である。だが、この辞書は部数が少なく、発売から数年で高値を呼んでいたので、これを作り直して自分たちの手で世に出そうと考えたのである。語学塾の教師を務めていたオランダ人グイド・フルベックらの協力を得て、三人は寝る間も惜しんで辞書の編纂に勤《いそ》しみ、明治元年一月、戊辰戦争の前に脱稿したという。しかし、いざ印刷となるとまた新たな問題が浮上する。国内にはアルファベットを印刷できる場所がないのだ。前田と高橋はフルベックの紹介を受けて三月に上海へ密航した。もはや映画のような冒険である。ところが上海の印刷所にも英語の活字が不足しており、さらには印刷所から間違っている個所が多いと指摘されて、現地で訂正することになった。現地で紹介された漢文の知識があるイギリス人に添削してもらいながら、ふりがななどを訂正、追加しながらできた分を印刷に回してもらう。この上海滞在中に前田は教会に行ったり（西洋の寺と書いている）、観劇したり、また通訳の勉強をしたりと、国内では考えられない経験をしている。六月に十枚ほどの印刷見本を持って二人とも一旦帰国し、十月には正名ひとりで再度上海に渡り、翌年の二月に印刷した二千部を持って帰国した。だが、彼が帰国した時には戊辰戦争の最中で、兄の献吉は後の軍帥東郷平八郎と共に軍艦春日丸に搭乗して北海道におり、高橋は維新政府の役人になっていた。年配の二人と連絡が取れなかったので、前田は一人で政府に掛け合い、辞書の買上げと留学生の指名を手に入れた。この時に大久保利通、大隈重信との交友が始まった。ただし、後からこれを知った兄や高橋との間で、一悶着あったらしい。正名が売ったのは印刷した辞書の一部だったので、兄の献吉、高橋も残りの辞書を換金してそれぞれ留学への道を切り開いた。彼らが作った辞書はかなりの評判を呼び、売れ行きも好調だった。これが『増補和訳英辞書』で、通称「薩摩辞書」

と呼ばれている。音楽では薩摩バンド、語学では薩摩辞書と、当時の薩摩にいた人たちの文化水準並びに海外文化への情熱には圧倒される。

明治二年、二十歳になった前田正名は、白山伯と呼ばれ幕末から日本国内であれこれ活躍していたフランス・ベルギーのお雇い外国人シャルル・ド・モンブランと共にフランス行きの船に乗った。ここから七年間に及ぶ留学生活が始まる。留学中の出来事で特筆すべきは、普仏戦争に遭遇したことだろうか。モンブラン家に居ながらパリ籠城を経験し、この近代西欧都市で食料が欠乏するのを目の当たりにしたのである。祖田修《そだおさむ》による前田の評伝『前田正名』（吉川弘文館）から少し引用する。

前田はこれらのことから、西欧人ならびに西欧文明の絶対性という重圧感から解放され、世界に「数種の文明」があること、「物質的文明」に限界のあることを悟ったと告白している。先進国・後進国の相違はまったく人種の劣等、文化の低位によるものではなく、たまたま文明的技術を先取りしているに過ぎないこと、しかも「欧州今日の富強は悉く印度其の他（植民地）に於ける財源の力によること」を読み取ったのである。

これは鋭い。現代の経済学者、それもアメリカのタイラー・コーエンあたりがコラムで書くような、極めて今日的な視点であり認識である。

普仏戦争で草臥《くたび》れたフランスは明治九年、国威回復のために翌々年のパリでの万国博開催を企画する。前田はこの一大イベントに母国日本を参加させようとあれこれ動いた。そして、大量の苗木とともに一時帰国、そこから三田育種場の設立につながるわけだ。前田について長々と説明したのにはわけがある。おそらく三田育種場で彼と出会ったであろう新宿御苑の立役者、福羽逸人は前田の思想から多大な影響を受けていると思われるからだ。

前田から三田育種場を任せられた池田は、伊予松山藩の出身で明治四年に藩からアメリカに派遣された。そこでアメリカの発達した農業に出会い、この道に進もうと決心したのである。彼は一緒に渡米した仲間が帰国した後も残って調査を進め、ヨーロッパにまで渡ってイギリスで数種類の種子を買って帰国した。内藤新宿の樹芸課に入った後、明治九年のフィラデルフィア万博に派遣され、農機具や缶詰の技術、リンゴやゴムの苗木、蜜蜂などさまざまな成果を日本に持ち帰った。明治十三年には三田育種場で東京談農会という農業結社が発足し、先に結成されていた農政関係の官僚たちのグループである開農義会、千葉県下総の牧羊場で結成された東洋農会と合流、大日本農会という日本で最初の大規模な農会になった。これはイギリス王室農業協会をモデルとした農業関係者たちのネットワークである。

従来の事業が三田育種場に移されたことで、内藤新宿試験場に転機が訪れた。試験場の土地は宮内庁の所轄となり「新宿植物御苑」という名称に変更された。

福羽逸人のブドウ園、オリーブ園プロジェクト――播州葡萄園、神戸阿利襪園

ここで福羽逸人が登場する。石見《いわみ》国津和野藩の生まれで、同藩出身の国学者、貴族院議員も務めた福羽美静《びせい》の養子となった逸人は、東京に出て内藤新宿試験所の実習生となっていた。二十歳を過ぎた頃には津田仙の学農社農学校で農学と化学を学んだ。明治十年には内務省勧農局内藤新宿試験場に入って農業生になった。明治十二年に新宿植物御苑が開かれると、三田育種場に配置され植物御苑掛となる。いわば内藤新宿試験場の叩き上げのような存在だ。福羽は前田より六歳ほど年下で、福羽にとって前田は時にはパトロンであり、時には事業の相棒として頼れる兄貴分だったようである。

福羽は一般的にはイチゴの栽培に多大な貢献をした人として知られている。彼がフランスの品種を改良して作った国産第一号のイチゴはその名も「福羽苺」と呼ばれ、今現在流通している「と

ちおとめ」や「とよのか」「あまおう」といった品種は「福羽苺」の子孫なのである。

福羽はとにかく精力的な人で、三田育種場に赴任した翌十三年には、自分から申し出て兵庫県は加古郡印南《いんなみ》新村（現在の加古郡稲美町）に飛び、そこで国営のブドウ園を創設する。これがいわゆる

福羽逸人

播州葡萄園である。これはプロジェクトとしては失敗に終わったものの、明治の殖産産業としてはかなり重要で、何よりも関西で初のワインが誕生したことで記憶されている。福羽の赴くところには、いろいろな初物が誕生するのである。その経緯を説明すると、維新以降の明治政府の富国強兵と殖産産業の話になる。その政策の中に、日本の南西部でブドウを栽培し、それから葡萄酒＝ワインを製造し一大産業に育てるという計画があった。当時の印南新村付近は水利に苦しく、ポツポツと存在する溜池の近くにわずかな水田があるという状態で、主な収穫物といえば畑で育てた綿であった。住民たちはそれで生計を支えていたのだ。ところが明治維新の前後には干ばつが続き、外国から輸入された安い綿が入ってきて、綿の価格が暴落する。それだけでも苦しいのに、明治六年の地租改正で地元民の生活はさらに苦しくなる。地租改正は財政難に悩む明治政府が打ち出した税制改革で、地価の三%を地租とするものであったが、新しい制度には常

に不備があるもので、地価の評価額をやたらと高く査定されてしまった場合には、住民たちには従来よりも遥かに大きな負担がかかることになる。印南新村の人たちはこれで大変な苦労をした。租税を収めるために土地や家屋を売ったり、そのために家督を維持できなくなるという苦境に直面した。

そういった状況の中で、加古郡長の北条直正は地元民を守るために金策、租税額の減免、延納などに奔走していたが、政府の勧農政策としてブドウ栽培候補地を探しているとの報道を見つけ、印南新村にブドウ園を誘致すべく動いた。自分の村にブドウ園を誘致したいという直訴のような願いである。それで福羽がやってきたわけだが、現状では畑ではない、作付けのされていないような土地を探してブドウ園にするつもりだった福羽は、印南新村の綿畑を見てもすぐにはよい返事を出せなかった。しかし郡長は地租改正や天候不順により、いかに住民が苦境にあるかを必死で説いた。また地元の地主たちからは先祖伝来の土地を改悪された税制のために売り飛ばすようなことになるという反発も出て、事態は紛糾したが、村の将来を憂慮した北条直正の必死の活動により話はまとまり、荒れ果てた土地に葡萄園が開かれる運びとなった。明治維新当時の地方の状況を今に伝えるエピソードである。

明治十三年、福羽は園長心得として三名の部下とともに印南新村に乗り込む。当初は常勤ではなかった福羽だったが、明治十六年には常勤となり、その三年後には園長となっている。フランスから苗木を輸入しワイン醸造を目指すというこのプロジェクトは山梨、愛知、弘前などでも同様に進められたが、播州葡萄園はその中核と目されていた。そこに植樹されたのはブドウだけではない。大事なブドウを風害から守るため、ブドウ園の周囲にはイチョウの木と真竹が植えられた。イチョウは生長が早い上に虫害や煤病《すすびょう》が少なく、落ち葉は肥料になる。竹は将来、ブドウの支柱として使うためだ。また堆肥場の周囲にはクヌギやナラが植えられた。これは将来葡萄酒の樽として使うのである。ブドウ園を一つ作るためには他の植物のことも考えなければならないのである。こういった総合的な設計が福羽の仕事であった。さらに、中央との連絡もさかんになるとのことで郵便局が設置される。人の出入りも多くなれば、地元に落ちるお金も増える。こうやって一時は未来の見えなかった印南村が少しずつ再生してゆくわけだ。

明治十四年の段階で五万本のブドウが植えられていたが、まだ収穫は少なかった。そのため採れたブドウの果汁を分析、醸造に使うブドウの種類を選別するにとどまった。本格的なワイン醸造が始まるのは福羽が常駐となった明治十六年、ブドウの収穫量も三七五キロに達していた。このうち三〇〇キロを醸造し、色と味がよいものが一八リットルできた。また、搾りかすを蒸留して若干量のブランデーも生産された。日本にも酒粕を蒸留した粕取り焼酎があるけれど、ワインの搾りかすを蒸留したブランデーはマール、イタリアではグラッパと呼ばれ、質のよいものは高級品として市場に出回る。

ただし、この段階では醸造ならびに蒸留の器具、設備なども揃っておらず、新たに醸酒場の建築が計画される。秋には西郷隆盛の弟で、若い頃には茶坊主として島津斉彬に仕えた農商務卿、西郷従道が来園、海外視察経験の豊富な西郷は、この土地が「ブルゴーギュウ」（ブルゴーニュのことか？）の風土に似ていると語り、将来的にはブルゴーギュウに匹敵する美酒の産地となることを期待すると人々に述べた。これに際して北条郡長が住民たちとともに地方住民の窮状を訴え、これが後に西郷の政策に反映されたということは重要だろう。地租改正は政府の財政を安定させるための大胆な税制改革だったが、地方への負担は大きかった。革命や明治維新のように、国のシステムを一度に大きく変えてしまうと、必ずどこかでしわ寄せが起こるので、後から細部を修正する作業が重要になってくるわけだ。

明治十七年には日本で初のガラス温室が建造された。このあたりの記録を見ていて興味深いのは、岡山の津高にいた大森熊太郎が、同郷の山内善男と共に何度も播州葡萄園を訪れていることである。大森と山内は岡山の県会議員や津高の村長を務めたこともある園芸家、森芳滋《よししげ》の元で農学を学んだ旧士族である。国文や漢学にも通じていた森は、いわば地域のリーダー的な存在で、彼の周囲にはこの地方の若者が集って学問グループを形成していたようである。士族であった大森や山内は、明治維新によって禄を失い、いわば失業するわけだが、この時に元武士たちを救済するために士族授産という政策が取られた。これは、農業や商業など別の職業に転職するための措置であり、官有の土地を払い下げたりしたものである。明治八年、大森と山内はこれで官有林を手に入れ、そこでブドウの栽培に挑戦する。なぜブドウを選んだのかという理由が面白い、友人から、フランスが豊かな先進国なのはブドウ産業のせいだと聞かされたのがきっかけだという。またブドウは荒れ地でも育つということでブドウにしたという。それで北海道からアメリカ系のブドウの苗木を五百本も運んできて植えたのだが、収穫されたブドウは酸味が強すぎて、とても食べられたものではなかった。

播州葡萄園の立ち上げを知らされた大森たちは、岡山から何度も足を運んで栽培のノウハウを学ぶと同時に岡山の気候風土に適した品種を模索した。彼らは福羽から譲られたヨーロッパ系のブドウを持ち帰り、明治十九年に岡山で初のガラスの温室を建て、そこで栽培を始めた。これが岡山名物マスカットの始まりである。つまり福羽が内藤新宿試験場で培った栽培技術が播州葡萄園を経由して、岡山で見事に花開いたわけだ。山内が建てた温室は復元されて地元で展示されている。このように士族授産で事業を始めようとした武家出身者は多かったが、失敗した例もまた数多い。大森たちの試みが成功にこぎつけたのは、年かさの森を中心にしたグループがあって、共同事業として立ち上げ、その上で先行している播州葡萄園から多くを学び、つながりを大事にしたからだろう。つまりネットワークの構築に成功したのだ。

その一方、順風満帆に見えた播州葡萄園を突然の悲劇が襲う。ヨーロッパのワイン産業を壊滅させた病害虫ブドウネアブラムシ（ブドウフィロキセラ）が上陸したのである。しかも、因果なことに三田育種場がアメリカから輸入したブドウ樹が原因だったらしい。三田育種場のブドウは年々衰弱死、明治十八年には播州葡萄園でもブドウネアブラムシが発見された。また、同じ年には大暴風雨があり、播州葡萄園は多大な被害を受けた。

明治十九年、園長の福羽はドイツ、フランスへの留学が決まる。そして播州葡萄園に力を尽くした北条郡長は更迭され、印南新村戸長も病気で倒れていた。重要な責任者が不在の状態で危機を迎えた播州葡萄園は、明治二十一年に前田正名の申し出で彼に払い下げられる。この時の払い下げに関しては裏事情があるので、これは後ほど説明する。前田は播州葡萄園の経営を同園の創設メンバーであり醸造の責任者でもあった片寄俊《かたよりしゅん》に任せてみずからは神戸に行く。前田と福羽には播州葡萄園と並行してもう一つ進めていたプロジェクトがあったのである。その後も数年の間、片寄の経営でブドウの栽培、ワイン醸造などの事業は続けられていたようだが、いつ頃まで稼働していたのかという記録は残っていない。閉園後は残された資料も少なく、長年の間、幻の葡萄園とされていたが、平成八年（一九九六）、偶然にもレンガ積みの遺構が発見され、発掘調査によって播州葡萄園の醸造場跡であることが判明した。この翌年、稲美町教育委員会はこの遺構を町指定文化財に指定、その後国の史跡に指定された。遺構の現状は稲美町のホームページに詳しい。

なお、片寄は『葡萄栽培要略』や『農家必携園芸之栞』などの著作を残している。

短命に終わった播州葡萄園だったが、ここで福羽が行なった剪定や挿し木の研究では大きな成果があり、後のブドウ栽培とワイン醸造に貢献することになる。

播州葡萄園跡

播州葡萄園と並行して前田と福羽が関わっていたプロジェクト、それが神戸阿利襪園（以下、神戸オリーブ園と表記）である。明治十一年のパリ万博で二千本のオリーブを前田が購入して日本に持ち帰り、神戸三宮《さんのみや》に三田育種場の神戸支園を開いてそこに五百五十本のオリーブを植えたのがそもそもの始まりである。内藤新宿や三田の試験場では世界各国の植物を扱っていたが、暖かい地方の植物が上手く育たないことが何例かあり、関西地方の温暖な土地に試験場を作る計画があったのである。福羽自身は播州葡萄園の設立で出張した際に神戸のオリーブ計画を命じられたという。前田が神戸で確保したのは、もともと水田として米を作っていた土地だったので、土壌は豊かに肥えていた。さいわい神戸の風土はオリーブに向いていたようで、明治十三年にはまだ若い木に幾つかの果実がなった。そして明治十五年には福羽が塩漬けにしたオリーブからオイルを絞り出すのに成功する。日本で初めてのオリーブオイルである。幸先のよいスタートを切り、順調に成果を上げていた神戸オリーブ園だが、明治十九年になると、それまで殖産産業に前向きだった政府が一転して緊縮財政を敷き、各方面で官営事業の民間払い下げを進めるようになる。殖産産業を推し進めていた前田の立場は、この政府の緊縮政策により危うくなってしまう。政府はこの時期に殖産産業の主軸を農業から工業へとシフトしようとしていたために、農学のトップランナーだった前田の立場は危うくなってしまった。播州葡萄園は虫害で危機的状況だったし、神戸オリーブ園もまだ大きな産業には育っていないのだ。前田の将来を心配した同郷の政治家、松方正義が伊藤博文と相談して、農商務省から前田に三年間、年に四千円の補助金が出るよう手配して、その予算で播州葡萄園、神戸オリーブ園の経営を前田に委託する措置を取った。つまり、前田は農商務省から出た補助金で二つの農場を政府から払い下げたのである。裏から手を回して前田を援助した松方も伊藤も内閣総理大臣経験者である。こういう人たちに目をかけられていたのだから、やはり相当有能な人だったのだ。

そして播州葡萄園は片寄に預け、自分はしばらく神戸に住むことにした。前後の事情ははっきりしないが、ちょうど福羽がドイツ・フランスに留学している頃の話である。神戸オリーブ園がいつまで存続したのか、これも播州葡萄園と同じく正確な時期はわかっていないが、明治二十五年頃だと推定される。オリーブに思い入れのあった福羽は、ずっと後の大正三年（一九一四）になって小豆島を訪問し、オリーブ栽培を指導する。明治の末には小豆島にもオリーブが入っており、温暖な風土のお陰で栽培にも成功していたが、搾油や塩漬けのノウハウが確立されておらず、福羽の知識が役立ったのである。

さらに続く、前田・福羽の日本ワイナリー計画

前田と福羽の名コンビは、山梨ワインの開発にも深く関わっている。山梨ワインの歴史を開いたのは甲府広庭町《ひろにわまち》の山田有教《ひろのり》と八日町《ようかまち》の詫間《たくま》憲久《のりひさ》という地元民であるが、独自でブドウの醸造を始めたものの、そんなに簡単に軌道に乗るものではなく、苦労を重ねていた。とはいえ、おそらくこれが日本初の国産ワインであるのは間違いないところで、まるでノウハウがなかったはずなのに、醸造に成功しているのは驚くべきことではある。彼らは外国人居留地から外国産の空き瓶

を仕入れていたというから、醸造の知識もまた居留地の外国人から見様見真似で学んだのかもしれない。とはいえ経営は大変で、明治九年には資金難に加えてブドウの糖度が不足し上手く醸造できないといったトラブルもあって、その年の秋には彼らの共同醸造所は廃止休業にまで追い詰められた。そこにやってきたのが学農社の津田仙である。津田は、山田と詫間が野生のブドウからワインを作ったことに驚きつつ、現状のままではそれほど美味いワインにはならないであろうこと、また醸造した搾りかすの皮と実を蒸留してブランデーにするとよいものになるのではないかとの意見を抱いた。津田が来訪した直後に、二人は県令にワイン事業を援助してもらえないかという陳情書を出している。これはおそらく津田からのアドバイスがあったのだろう。この陳情は大久保利通に伝わり、資金の貸し出しが決まったが、二人ともそれを返済する目処すら立っていなかったらしい。山梨県は県立の葡萄酒醸造所を設立する方向で動いた。三田育種場から米国種のブドウの苗が数種類と、技術指導者として内藤新宿試験場にいた大藤松五郎がやってきた。大藤の経歴はよくわかっていないが、アメリカで果樹園の経営を学んできた人で、内藤新宿では缶詰の試作なども行っていた。このあたりは津田仙が関係者に働きかけ、上手く立ち回ったのではないか。

明治十年には地元の有力者たちが発起人となって「大日本山梨葡萄酒会社」が設立される。志半ばで挫折した山田と詫間の個人事業とは違って、大勢の人間が関わる法人組織であり、地元民の期待は大きかったから、今度は失敗するわけにはいかない。そこで、確実な醸造法、技術を手に入れるために村から有望な青年を選び出し、一年間のフランス留学へと送り込むことになった。選ばれたのは高野正誠《まさなり》と土屋助次郎の二人、草鞋《わらじ》履きでフランスに出発した彼らの留学の手配は、内務卿大久保利通から、ちょうどフランスから帰国したばかりの前田正名に委ねられた。最低限の語学を覚えるために現地の小学校に一ヵ月通った二人は、明治二年の暮れにシャンパーニュ地方の園芸研究家シャルル・バルテのもとを訪れ、そこでもうひとりの重要人物であるピエール・デュポンを紹介され、彼らからブドウの剪定、挿し木の仕方、品種を改良するための接ぎ木などさまざまなことを学んだ。彼らがフランスで必死に勉強していた頃、津田仙に言われて甲州にやってきたのが福羽である。福羽は現地を調査しながら、「行基伝説」や「雨宮勘解由《あめみやかげゆ》伝説」といったブドウにまつわる民話、フォークロアの収集も行なった。福羽の調査、研究は明治十四年に発行された『甲州葡萄栽培法』という書物に結実している。殖産産業関係など各方面の専門書を書き残した前田と同じく、福羽も専門書を書くことで後世の農学、園芸に多大な影響を残している。ともあれ、今や日本を代表する山梨ワインも、津田、前田、福羽という行動力のある人たちがいなければ、少なくとも今の形にはなっていなかっただろう。

前田が播州葡萄園と神戸オリーブ園の件であれこれ苦労していた頃、福羽はフランスで開かれたパリ万博を視察、完成したばかりのエッフェル塔も見学し、北米を回って帰国する。これが明治二十二年のことである。殖産産業政策で農林水産商工を受け持った農商務省の中で農業政策を行う農務局に職を得た。この頃の前田はというとしばらく神戸のオリーブ園で暮らしていたが、福羽が帰国する前年の二十一年に急遽山梨県の知事になっていた。この、山梨県に赴任した際のエピソードが面白い。

前田は茣蓙《ござ》を背負い脚絆《きゃはん》に草鞋という農民姿で現れた。出迎えに来た役人たちもまさかその人物が県知事だとは思わない。人力車に乗って県庁にやってきた前田は、車を県庁舎に横付けさせて車夫をたじろがせた後、ズカズカと中に入っていく。驚いた受付が「何者か！」と声を上げると、「わしは本県の知事じゃ」と言いながら取り出した名刺を見せて受付を驚かせた。まるで水戸黄門である。フランス帰りのインテリがこれをやるわけだからインパクトは大きい。前田はその後も草鞋で県内を視察し、地元の人達からは蓑笠知事と呼ばれて親しまれた。それ以前から甲州のブドウ産業には貢献してきた人なので、山梨県知事にはふさわしかったが、一年弱で山梨から離れ、明治二十二年の十月、福羽の帰国とほぼ同じタイミングで農務局長専任となり、翌二十三年一月には、農商務省次官に就任した。山梨での在任期間は短く、目立った成果は上げられなかったが、予算編成で県民の負担を軽くしようとしたり、河川や道路といったインフラの整備にも気を配ったという。

そして農商務省においては前田と福羽の名コンビが久しぶりに復活したので、この二人でまたいろいろな計画を立てたようなのだが、残念なことに翌二十三年に前田は農商務相の陸奥宗光と対立して、元老院議官に転身する。どこまでも波乱万丈な人である。

前田に代わって農商務省次官のポストに付いたのは福井藩出身で元外交官の齋藤修一郎だった。ところが、この齋藤と福羽はソリが合わなかったようで、齋藤は前田が準備していた数々の計画を、福羽自身の言葉を借りるなら「根底より破壊」したのである。福羽はみずからの回顧録の中で「外交官人間が殖産産業の要職についたところで、経験も抱負もあるはずがない。だから齋藤のやることなすこと、一つも納得できるもんじゃない！」という主旨のボヤキを残している。

国産農業の未来を考えていた福羽は齋藤に何度も園芸調査と園芸試験場設立の必要性を説くが、相手にされず不満は募るばかりだった。年が明けると福羽は長州出身で農商務省の上役である品川弥二郎に事情を相談した。すると、品川は思いがけない話を打ち明けた。福羽が目の上の敵のように思っていた齋藤が、福羽の処遇に関して品川に相談をもちかけていたのだという。齋藤曰く「福羽はフランスに留学して園芸学を収めたが、今の農商務省には彼のような科学者にふさわしい仕事が用意できない。だが、宮内省なら彼のやるべき仕事があると思う」と。これには福羽も驚き、宮内省に身を転じることとなった。

この頃の福羽は、自宅に植物園を建てて熱帯植物の栽培と青物野菜の促成栽培などを試みていた。いずれ国家規模でこれらの事業をやるつもりであったので、その準備として自腹で植物園を作ってしまったわけだ。その情熱は凄いものだけれど、なまじ有能なものだから一人で突っ走ってしまう。齋藤としても自分の手に負える人材ではないと思い、宮内省に斡旋したのではないか。

福羽は品川に園芸試験場設立の計画を相談する。当初は静岡県の三方ヶ原《みかたはら》御料地が候補に上がり、福羽が調査しに向かうが、彼のお眼鏡に適う土地ではなかったようだ。

新宿植物御苑再興計画――福羽逸人のミクロコスモス

ここにきて内藤新宿が浮上する。内藤新宿試験場の土地は明治十二年に宮内省の所轄となり、「新宿植物御苑」として皇室の台所という役割で運営されていた。内藤新宿試験場出身の福羽にとっては勝手知ったる実家のようなものだ。ここを彼が思い描く理想の園芸試験場にすればよいのではないか。
この時、内藤新宿の土地は、その大部分を華族養蚕社に貸して、残りの場所で皇室の野菜を細々と栽培している状態だった。往時の内藤新宿試験場を知る福羽は物足りない思いを抱いたのかもしれない。そこで品川に相談し、新宿植物御苑再興という名称で小規模の園芸場建設にこぎつけた。ここから福羽の壮大なプロジェクトが始まる。『福羽逸人回顧録』から当時の意気込みを少し引用しよう。

今爰《ここ》に新宿植物御苑を再興せるの目的は、抑《そもそ》も如何なる点にあるやを説明せん。欧洲列強国の皇室に在ては、直接宮中に於ける用途を充す為め、何れも園芸場の設備を為し、而して間接に其事業を民間に於ける模範と為す。即ち此二個の目的に依りて成立するものなり。
（句読点は筆者）

ヨーロッパでは王室が使用するための園芸場の設備があり、それが民間事業のお手本になっている。だから新宿植物御苑においても、皇室用の園芸施設を充実させて、民間事業のお手本になるようにする、と言っているわけだ。宮内庁御用達の野菜や果物といえば、必然的に最高級のものが求められる。福羽は、新宿植物御苑で最高のレベルを追求することで日本の農作物全体のレベルアップを図ろうとしていたのだ。そこには、皇室のためという建前があれば、いくらでも予算を要求できるという計算もあっただろう。そしてそれは結果的に国民のためになるのだ。頭のよい人である。福羽はイギリスのウインザー皇室園芸場やドイツのポツダム、ロシアのガチナにある皇室庭園を念頭に置いて新宿植物御苑の改革案を練った。

当初は小規模な計画だったので、木匡《きょうこう》と呼ばれる木の枠を四つ五つ用意してそれで青物野菜の促成栽培を始めた。木匡は木の枠組みで箱を作り、屋根の部分をガラスにした、コンパクトな温室のようなものである。はじめのうちは経費が足りなかったので、福羽は自宅で使っているものも新宿の職場に持ち込んだ。それと並行して果樹園の新設を計画する。少しずつ福羽の計画は進み、広い新宿植物御苑の中でその範囲を広げてゆく。

播州葡萄園で経験のあるブドウを手始めに、野菜、果物、花卉といった植物の栽培に加えて、オイルサーディンや羊肉、正覚坊《しょうがくぼう》や野菜の缶詰なども試作した、と福羽の回顧録にあるのでそのまま書き写したけれど、正覚坊ってなんだろう？　と思って調べたらアオウミガメであった。今では絶滅危惧種なので、ごく限られた条件下でしか食べることはできないが、アオウミガメはもともと植民地政策のさかんだったイギリスやフランスで愛好された高級食材である。昔はデパートの地下などでウミガメのスープの缶詰が売られていたものだ。これが品のよいコンソメのようなスープで、ゼラチン質の肉はなかなか美味しいものだった。わが国のすっぽん料理を見ればわかるように、カメの仲間は美味いのである。また、ジャムやピクルス、ゼリーの試作品も作られた。野菜や果物の苗木は地方の農家に分け与えられ、缶詰などの試作品もまた民間に払い下げられた。福羽が新宿で行なった実験が、日本中の農家にイノベーションをもたらすのだ。その中でも大きかったのが、最初に述べたイチゴとメロンだろう。福羽は早い段階からイギリス産改良種のメロンの栽培に着手していたが、これが日本の風土にはなかなか適合しないようで、福羽のお手製の木匡で栽培してみてもよい結果が得られない。イギリスのやり方をそのまま真似しても、風土が違うから同じ結果にはならないと悟った福羽は、新たな蔬《そ》菜《さい》室、温室を新築したところ、ついによい結果が得られたという。メロンは明治二十年頃から試験栽培が始まっていたが、安定した質と量を確保できる営利栽培法が確立できたのは、明治四十年頃のことである。長い時間がかかったわけだが、大正時代の中頃から市場に流通

新宿植物御苑温室（1908年）

するようになり、今に至る。

フランス産のゼネラル・シャンジーという品種から大粒で味のよい「福羽苺」が誕生したのが明治三十一年、これが品質のよい国産の苺の先祖となったのは前述したとおりである。他にはブドウ、モモ、スモモ、イチジク等の促成栽培が試みられていた。これらの果物はイギリスなどではさかんに栽培されていたが、日本では手を出す者が少なく、産業として成立する見通しがなかなか立たなかったが、播州葡萄園での経験や、福羽が手配した岡山の大森たちのグループの成果が反映されて、少しずつ形になっていった。

トマト、キュウリ、ジャガイモ、里芋、インゲン、唐辛子、ニガウリなどは比較的スムーズに室内栽培できるようになったが、レタスやナスは木匡栽培でないと上手く行かないらしい。何事もトライ・アンド・エラーである。そしてトライする度に新宿植物御苑の規模は大きくなっていった。明治三十九年頃には野菜だけで九十八種類もあったという。

福羽の回顧録から興味深い一行を引用する。

斯の如き試験は個人の容易に企及し能はさる所ならんも、一度是れか結果によりて其方法を習得せは、民間なる起業者は労せすして良法を得、是れ模範的園芸場の必要依て興る所以なり。

要約すると、植物の栽培実験を個人でやるのは非常に困難だけれど、ノウハウさえ確立されれば民間の業者は苦労せずによい方法を得ることができる。だからこそ、模範的な園芸場が必要なのだと福羽は主張しているわけだ。こういう福羽の考え方の背後には、殖産産業に奔走しながら失脚した盟友前田正名の存在が感じられる。福羽は前田がいかに苦労したかを自分の目で見てきたし、その苦労が報われなかったことも知っている。播州葡萄園、神戸オリーブ園はどちらも志半ばで挫折した前田と福羽の夢の城である。だが、そこで得た経験値は福羽の新天地、新宿植物御苑で十分に活かされた。前田は公人として民間の産業を盛り上げようとして苦労をしたが、福羽は前田と同じ轍《てつ》を踏まないように宮内省の中に入り込み、皇室を上手く利用したわけだ。あくまでも皇室のために新しい野菜、果物を育てるが、そこで得られた成果はやがて民間にフィードバックされる。国家のための仕事が、すなわち国民のための仕事として結実する。言ってみれば、これが福羽の思想である。明治天皇といえば、国民の体格向上のためにみずから率先して牛乳を飲み、牛肉を食べた人だから、福羽の思想は皇室にも問題なく受け入れられたということだろう。日比谷公園を設計した本多は若いけれど懐の深い人物で、日本の未来を前向きに捉え、さまざまな文化を取り入れる場として公園計画を立てたが、福羽もまた念頭にあったのは日本の未来である。本多も福羽も、社会の革命者ではなく、リアルな改良者であった。特に福羽の、明治天皇と皇室というシステムを利用して、国内の農産業にイノベーションを起こそうという考えには舌を巻くしかない。その時点で成立している社会の仕組みを、己の目的に最適化するという極めてラディカルな思考の持ち主である。

新宿植物御苑では食べ物だけではなく、観葉植物も育てられていた。福羽が新宿を離れていた頃も、温室でサボテンが栽培されたりしていたようだが、福羽はそれを大きく拡大させる。そもそも、帰国すると自宅に温室を作ったほどの男である。自宅ではシネラリア、プリムラ、フリージアなどの花を咲かせ、フランスから取り寄せたシンビジューム、オンシジュームなど、日本では初めてとなる洋蘭の栽培も試みた。つまり日本の洋蘭栽培の歴史は福羽の自宅から始まるのだ。まったく、この男にとっては自分の庭もまた実験場であったわけだ。その頃、温室でのラン科植物の栽培はイギリス、フランス、ベルギーなどヨーロッパで進歩しつつあったが、実際にはまだ方法が確立されておらず、失敗することも多かったという。ヨーロッパの研究を手本にした福羽もまた同じ失敗を繰り返したが、試行錯誤のうちにノウハウが確立されれば、ヨーロッパで言われているほど困難なものではなかったと福羽は書いている。何事にもトライして、失敗を恐れず、修正を繰り返して最適解にたどり着こうとする。福羽とはそういう人だった。

明治二十四年にはシクラメンの栽培に成功し、コウモリランやパインアップルを輸入する。その翌年には木匡を使った花卉の栽培を始め、温室には新たに輸入した西洋蘭を導入する。球根べゴニア、グロキシニア、カルセオラリア、ロベリア、花がどんどん増えてゆく。明治二十六年から四年かけて新たな温室が四棟新設される。これらの温室はすべて違うタイプで、最後に建てられたものは天井の高い芭蕉室であり、現代のわれわれが植物園などでよく目にする、亜熱帯植物の温室に近い。とにかく、機会があるごとに新しい洋蘭などが輸入され、植物栽培の専門書なども海外から輸入した。また、ヒマラヤシーダーやプラタナス、ユリノキ、タイサンボク、月桂樹など海外の樹木が試験的に植えられた。現在も新宿御苑内には、風格のある大木に育ったその時代の樹木が数多く残っている。

今の日本庭園があるあたりには鴨池が作られた。その他にも養魚場、養鶏場が作られて他の動物も飼われるようになり、鴨池を取り巻くように鳥や獣の檻がある一帯は動物園と呼ばれ、狩猟局が管理して塀で仕切られ、他の部署の担当者たちも出入りできないようになっていた。海外の来賓から送られた珍しい動物もいたので、厳重に管理されていたのである。

野菜に果物、花に樹木、そして鳥や動物。ありとあらゆるものが福羽が再建した新宿植物御苑の中にあったわけだ。まるで小宇宙であり、それらのほぼすべてを把握していた福羽のバイタリティと知識には驚愕するしかない。

ここで少し気になったのは、福羽が着任する前に新宿植物御苑の中で広い土地を専有していたという華族養蚕社のことだ。福羽は、時間をかけて広い新宿植物御苑の中を自分の小宇宙に作り変えたが、先住者であった養蚕社はどこへいったのだろうか。華族養蚕社は華族の女性たちに仕事を与えるために設立されたもので、新宿植物御苑の土地を無期限、しかも無償で借りていたのだが、福羽によれば彼女らは経験に乏しくて事業としては利益が少なく、損失ばかりが多かったために自力で経営を続けることができず、後には信州の業者に設備をレンタルして、当初の目的から大きく外れてしまったという。なので福羽がこれを整理して、華族養蚕社の社員らの身の振り方も手配したのだった。これにて福羽は新宿植物御苑の土地全体を掌握することになった。また、福羽は新宿植物御苑と代々木の御料地の間にあった若干の民地も買収し、御苑と御料地を地続きにしてしまい、この広大な土地を皇室の一大庭園にしようという壮大な計画を立案していた。実現していれば超巨大規模の庭園になっていたはずだが、これはさすがに頓挫してしまい、代々木の御料地は後に明治神宮になる。

明治三十一年、福羽は内匠寮技師に転任し、同時に新宿植物御苑掛長を命ぜられた。

この頃、福羽の頭の中には、イギリス王室の離宮ウィンザー城や、フランスのフォンテーヌブロー宮殿、ロシア・モスクワのアレキサンドロフスキー宮殿といったスケールの大きな皇室庭園を作りたいという夢があったようだ。ウィンザー城などはその大部分が狩猟苑であり、鹿や猪が放牧されて、雉《きじ》やうさぎが繁殖していた。福羽が新宿植物御苑に動物園を作ったのも、海外で見てきたこれらの庭園が念頭にあったからだろう。皇室庭園というのは、明治初期の上野公園や後の日比谷公園と同じく国家のランドマークである。福羽は別に皇室に心酔していたわけではなく、皇室によい農作物を提供することが民間に出回る農作物の水準を上げ、国家全体に貢献するという考えの持ち主だから、皇室のランドマークとして立派な庭園を作りたいという気持ちはわかる。とはいえ、彼は園芸栽培の専門家であり、造園の専門家ではない。栽培に関してはありとあらゆるものに手を出した福羽だったが、自分に造園の能力があるとは思っていなかった。

故に苑園造築術は已むを得す之に従事し居れるも、決して予の得意とする所に非らす。去りなから苑園造築術は、単に書籍上の学問にては実業に臨んて何等の用を為さす……

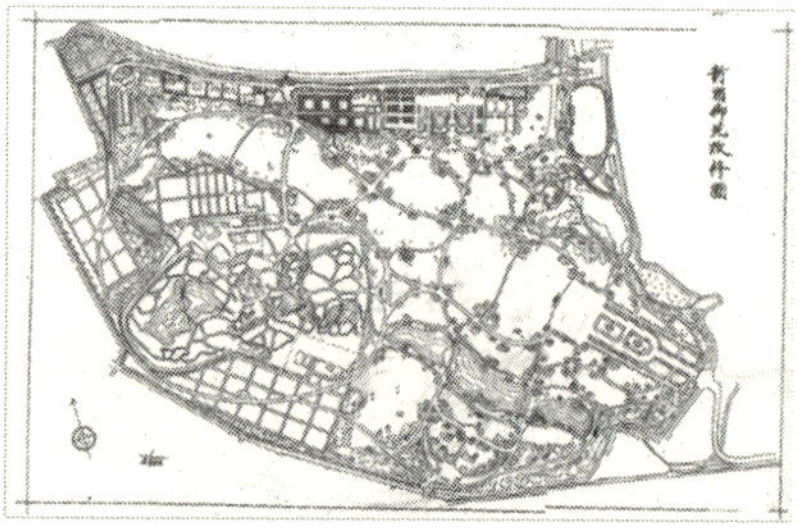
新宿御苑改修図

内心のジレンマが伝わってくるような文章である。この頃の福羽は明治二十九年、三十二年、三十三年と立て続けに三度もヨーロッパに渡っているが、その真の目的は西欧の造園技術を己の目で見ることだった。そして、ウィンザー城やフォンテーヌブロー宮殿、アレキサンドロフスキー宮殿を実際に目にしたからこそ、こんなものを自分で設計するのは無理だと認識していた。明治三十三年の渡仏では、主要目的であったパリ万博の園芸出品物の審査をするかたわら、フランス国立園芸協会にてベルサイユ国立高等園芸学校の造園教授アンリ・マルチネと会い、彼に新宿植物御苑を改造する計画を打ち明けた。マルチネはヴェルサイユ国立高等園芸学校を首席で卒業した秀才で、二十代の時にいくつもの賞を受賞している。マルチネの師エドアール・アンドレはフランスだけでなくヨーロッパ各地で生涯に百もの施設を設計した造園家で、その師匠ジャン＝シャルル・アルファンはパリの都市改造業務に携わり、ブローニュの森などパリの公園緑地整備の第一人者である。三人ともヴェルサイユ高等園芸学校の所属であり、アンドレはアルファンと共同で、その弟子たるマルチネはアンドレと共に活動して師匠から技術やセンスを学んだ。フランスの造園家としては最高級の人材に新宿御苑の設計を託すことができたわけだ。実は福羽は、初めてのヨーロッパ留学の際に山梨のワイン開発の件で高野と土屋を指導したシャルル・バルテなど、フランス園芸会の重要人物たちと接触して後につながる人脈づくりをしており、マルチネともその時に知り合っていたのだ。彼を通じて、フランス最先端の造園技術に触れることができた。もともとは園芸の技術を学ぶための留学だったが、その過程において造園の知識も必要だと思うようになったのだろう。どうやら、最後の留学の段階で、後の新宿御苑改造計画の構想が福羽の中で芽生えていたようだ。ウィンザー城やフォンテーヌブロー宮殿など福羽が目標とした欧米の庭園は、この最初の留学の際に訪れた場所が多いのである。だとすれば、新宿植物御苑で数々の植物を栽培しながら、いずれはこの場所を雄大な庭園にしようという夢をずっと抱いていたということになる。

帰国した福羽は速やかに御苑改造に関する意見書、図案、設計書などを提出するが、越前福井藩出身で宮内庁の部局長であった堤正誼《まさよし》からは「無用の改造である」と反対された。上役の反対くらいで諦めるわけがない福羽は、即座に宮内大臣田中光顕伯爵に相談する。土佐藩出身の田中は、福羽の計画に賛同してくれたが、経費の問題があるからと諏訪藩出身で内蔵頭（宮中の会計を司る長官）だった渡辺千秋に話を振った。何しろ金のかかる計画なのは一目瞭然なので、渡辺もすぐには賛同せず、あれやこれやと何度も論議した結果、ついにこの計画を承認する。堤、田

マルチネが設計した新宿御苑の鳥瞰図

中、渡辺といった上役が、福羽の情熱に翻弄され押し切られたようで、マルチネから送られてきた設計案も無駄にならずにすんだ。マルチネが描いた設計図などの資料は戦災で燃えてしまい、今に残されたのは大正十三年に発行された宮廷庭園技師椎原兵市《しいはらひょういち》の著作『現代庭園図説』に掲載された鳥瞰図の印刷のみである。ほど高い場所から御苑全体を見渡したような鳥瞰図は、平面図よりも全体の雰囲気をつかみやすく、マルチネの構想がよく伝わってくる。この鳥瞰図法もマルチネの考案した技法だという。彼の代表的な仕事としては、フランス南西部の保養地として知られるポーのボーモン公園や、ベルギーとの国境に近いヴァレンシエンヌのロネル公園が現存している。この二つの公園を新宿御苑と見比べると、長いカーブを描く通路で構成され、地形を活かした緩やかな起伏が設けられていることなど、たしかに共通したところがあるようだ。門外漢なので詳しいことはわからないのだが、専門家の目で見ると師匠であるアンドレが唱えた造園原理がハッキリと記されているという。アンドレが提唱したという、さまざまな要素を組み合わせたコンポジットスタイルという様式を持つという点で新宿御苑は日本では極めて珍しく、歴史的な価値も高いという。ただ、ゆるやかなカーブを描く通路で公園を区切り、さまざまな要素を取り込んだという点においては本多静六が設計した日比谷公園も似たようなところがあり、素人目にも似ているところはあるように思う。本多はドイツで学んだ人だが、日本初の西洋風公園ということで、ドイツの様式をベースに和洋折衷の公園を作る必要があったわけだ。その模索の過程で、なぜかフランスのコンポジットスタイルと近いところに着地したのだとしたら、それはそれで興味深いことではないか。

人生を捧げた新宿御苑――福羽は日比谷公園を意識していた

新宿植物御苑の改造工事は五カ年計画で行われ、明治三十九年に完成。この間、まだ工事の途中だった明治三十七年に、「新宿植物御苑」から「新宿御苑」に名称変更されている。工事を指揮したのは江戸生まれの宮内省技師、市川之雄《ゆきお》だった。彼は工事の途中で一年半ほど渡米し、造園、園芸を学んで帰国したとあるから、やはり全体の工事を指揮したのは福羽だったということか。というのも、実は本格的に工事が始まる以前から、著名な庭師、小沢広作の指揮により、例の鴨池を日本庭園に改造する工事が始まっていたのだ。プロジェクトの全貌を把握していた福羽が、見切り発車で鴨池の改造を指示したのではないか。

注目すべきは、この間、明治三十六年に日比谷公園がオープンしていることである。設計段階で揉めに揉めたために、建設に至るまでの時間がやたらと長くかかったこととは対照的に、日比谷公園の工事は一年と二カ月ほどで終了している。日比谷公園の章でも書いたように、一刻も早く完成させねばならなかったので、ある意味突貫工事のようなもので、開園直後は園内の樹木も、多くはまだ幼い苗木だった。公園内の各種設備もすべては完成しておらず、音楽堂や図書館などの各施設はそれから時間をかけて作られていった。わずか一年と少しで作らねばならなかった日比谷公園に比べて、新宿御苑は五年もかけられた。ちなみに日比谷公園の面積は一七ヘクタールほどで、対する新宿御苑は五八ヘクタール。御苑の方が圧倒的に広い。

福羽は日比谷公園にも設計段階から関わっており、西洋花壇は彼の設計によるものだ。もちろん花壇に植えられた花卉も福羽が新宿植物御苑から手配したものだろう。実は、福羽が日比谷公園造園委員会に参加したのと、フランスでマルチネに御苑の改造計画を依頼したのはほぼ同じくらいの時期なのである。なので、新宿御苑の改造計画の進行はおそらく、日比谷公園計画の進行ぶりを横目に見ながら進められたと思われる。造園委員会の主要メンバーだったにもかかわらず、福羽の回顧録には日比谷公園のことはあまり触れられていない。彼の本命はあくまで御苑で、庭園建築のノウハウを学ぶために日比谷のプロジェクトに参加したのかもしれない。

福羽の記録で面白いのは、二つの公園の予算について触れていることである。日比谷公園の経費は総額二十五万円もかかったけれど、新宿御苑は二万八千円しかかかっていないと書いているのだ。宮内省に経費を節減されたことに対してはボヤキながらも、日比谷公園よりもずっと安く仕上げたことに関しては、どこか自慢げなのだ。両公園の予算の違いに関しては、関係者の間でも話題になっていたようで、東京府の公園課長を長く務めた井上清も、二つの公園を比較して新宿御苑が破格の安価で行われたことには驚いており、「福羽さんはずっと前から植栽などの準備をしていたのではないだろうか」と語ったという。井上の推理はほぼ正解で、福羽は御苑改造計画が始まる十年以上前から苑内の植物を整備し始めていたわけだ。

思えば、練兵場の跡地で、たんなる荒れ野原と化していた日比谷とは違って、新宿御苑は明治の初めから内藤新宿試験場として、ずっと人の手で管理されていた土地である。福羽自身も途中で抜けていた期間があるとはいえ、内藤新宿時代からこの土地に深く関わり仕事をしてきた。御苑改造計画が完成した時点で足かけ三十年単位で御苑を見てきたのである。新宿御苑は福羽の人生そのものだった。

御苑の中心部には巨大な宮殿を建設する予定であったが、これは実現しなかった。日露戦争で政府が財政難になったために、明治天皇自身の意向で宮殿建設は見送られたらしい。完成した新宿御苑の開苑式もまた、日露戦争がらみである。こうして明治三十九年四月三十日、青山練兵場において日露戦争凱旋陸軍大観兵式が行われ、五月一日に新宿御苑で凱旋将軍歓迎会が行われて、これが御苑の開苑式ということになった。福羽は日露戦争の戦勝記念行事が他の場所で行われるのを懸念していたようで、改造工事の終了時期がタイミングよく日露戦争の終結に間に合ったことを素直に喜んでいた。考えてみれば、因縁の日比谷公園で戦勝祝賀会が行われていた可能性もあるわけで、それを新宿御苑に誘致したかったのは、やはり福羽が日比谷公園を密かにライバル視していたからではないか。

ちなみに、観兵式が行われた青山練兵場は日比谷にあった練兵場が移動してきたもので、後の明治神宮である。また日露戦争の講和問題がきっかけで、日比谷公園で焼打事件が発生、東京に戒厳令が敷かれるほどの大事件になったことは先に書いたとおりだ。まったく、この時代の公園と戦争とは、切っても切れない深い仲だった。

日比谷公園が一般庶民の憩いの場であるのに対して、新宿御苑は皇室の庭園である。完成後も福羽は宮内省内苑局長として御苑全般を指揮し、従来通り宮廷の御料生産の場として野菜や果物が栽培された。福羽は明治三十九年に東京市からの依頼で市内の街路樹改正の研究を始める。長野出身の樹木学者で農商務省林業試験場長だった白沢保美《しらさわやすみ》と協力して、イチョウやスズカケノキ、ユリノキ、エンジュ、トネリコなど十種を選び育成する。その翌年には新宿御苑からユリノキの種子と、御苑内にあるスズカケノキの木の枝を大量に切り出して挿し穂として東京市に払い下げる。挿し穂というのは、切った枝を挿し床に植え、不定根という枝から根が出た状態にして植えるものである。これを井上清が育て、東京のあちこちに植樹した。スズカケノキと書くとわかりにくいかもしれないが、要するにプラタナスである。御苑には今も福羽が植えたという立派なモミジバスズカケノキがあるが、都内でよく見かけるプラタナスの街路樹の、いわば先祖が御苑のプラタナスということになる。プラタナスと並んでポピュラーな街路樹であるイチョウも、御苑由来のものが多い。

東京の街路樹にも活かされた福羽の造園技術

東京の道路に街路樹を植えるという計画は明治の早い段階からあった。明治三年に新島原（京橋）、根津門前（本郷）の道路中央にサクラが植栽された。おそらくこれが明治に入って初めての街路樹である。江戸時代にも街道並木、参道並木はあったが、町中のいわゆる街路樹というのは明治以降の産物であり、街路樹という言葉が使われるようになったのは大正末期だという。そして明治五年に銀座大火があり、新しく火事に強い街を作ろうということで銀座煉瓦街計画が始まったわけだが、その際には銀座の並木道にサクラ、クロマツ、カエデという日本らしい木が植えられたのだけれど、残念なことにサクラもクロマツもカエデも銀座の土壌に合わなかった。また、当時は植樹の知識も乏しく手入れも充分ではなかったようで、次々と枯れはじめてしまったのだ。サクラやクロマツといった日本産の樹木が何故枯れてしまったかというと、もともと江戸時代の埋立地であった銀座の土壌には塩分が多かったからである。仕方がないので明治十三年頃からシダレヤナギが植えられた。これはなかなか評判がよく、東京のあちこちにシダレヤナギが植えられることになった。明治二十年頃までには銀座の通りの街路樹はヤナギばかりになったという。耐乾性、耐湿性ともに優れていたヤナギは、銀座以外の土地においても採用された。東京の都市部に街路樹が必要とされたのは、景観が重視されたこともあるが、人口密度の高い市街地での環境保全という視点もあった。ヤナギは日本人には馴染み深い植物なので、銀座の柳は庶民に親しまれて定着した。昭和七年(一九三二)に五所平之助監督、田中絹代主演で『銀座の柳』という映画が公開され、西條八十《やそ》作詞、中山晋平作曲で四家《よつや》文子《ふみこ》が歌った「銀座の柳」という主題歌がヒットしたが、これは関東大震災で焼けてしまった銀座の柳が朝日新聞社からの寄贈でこの年に復活したからである。西條八十は「東京行進曲」の中でも銀座の柳に触れている。ところが、架空線対策や家屋の高さとの釣り合い、また暴風雨対策として毎年剪定を繰り返したために次第に形が悪くなり、明治三十年頃にはどこか不気味なヤナギばかりになってしまった。こうなると、根元から切ってしまえという声が起こる。この頃東京市公園主任だった長岡安平が街路樹に適した樹木を選定する。長岡は公園の樹木にも日本の在来種を使うことを提唱した人で、この時もモミジやセンダン、ナンテンギリなど在来種を主体に選んでいる。だが、実際には、外来種を中心とした福羽と白沢の改良案が反映されることになった。白沢は早い段階から、生長の早いスズカケノキに注目していたらしい。福羽、白沢の改良案をさらに長岡らが検討、長岡が公園との共用の目的で栽培していたミズキ、トネリコ、アカメガシワを加えた形で計画が進められる。ただし、ミズキ、トネリコ、アカメガシワは思ったようには育たず、結果的に東京の街路樹ではスズカケノキが一番多く、次点がイチョウということになった。なので大正から昭和初期にかけての東京の街路樹はプラタナスの時代とも言われる。明治以降に築かれた東京の広い道路を緑の街路樹で飾るためには、内藤新宿で培われた福羽の苗と技術とが不可欠だったのである。

その後の福羽はソウルに行って韓国初の洋式温室を設計したり、明治四十三年にロンドンで開催された日英博覧会で評議員を務めるために通算五回目の渡欧を果たし、イギリス、フランス、オーストリアの著名な園芸場を視察したりと幅広く活躍する。晩年には香川県のオリーブ栽培に関わり、小豆島にオリーブ栽培を定着させることになる。まだ二十代の頃、前田と共に神戸オリーブ園に関わり、志半ばで挫折したオリーブ栽培を、六十近くになってからついに形にしたわけだ。福羽は大正十年の五月、食道がんのために六十五歳で亡くなった。ちなみに、前田正名も同年八月にチフスで亡くなっている。七十二歳だったが、この人も晩年まで精力的に活動し、自分の息子たちを海外に派遣するかたわら、死の二年前にもベルギーで「万国商事会議」に参加するために欧州視察の旅に出ている。

福羽亡き後の新宿御苑が大きく変わるのは第二次大戦後である。この戦争は日本にとっても総力戦だったために、新宿御苑も戦争中には農兵隊が泊まり込んで野菜の栽培を始めていた。東京大空襲では御苑もかなりの被害を受け、倉庫や温室、皇室のために作られていた休憩所なども焼け落ち、残念なことにマルチネの設計図なども焼けてしまった。この時期の新宿御苑を支えたのは福羽の息子、福羽発三である。

戦後、昭和二十一年の夏、東京都知事から宮内庁に御苑を農業科学講習所用地として借り入れたいという申請があり、十月には都立農業科学講習所高等部が発足、往年の新宿御苑職員が講師や助手として参加、発三も後に所長となる。十一月には日本国憲法の公布にあたって新宿御苑は皇室財産ではなくなり、大蔵省の所管に移された。

昭和二十四年三月、都立農業科学講習所は閉鎖され、四月一日から「国民公園新宿御苑」と呼ばれることになった。この時、皇居外苑と京都御苑も同時に国民公園となった。五月二十一日、正式に公開、当初の入苑料は二十円。このうち十円が案内図代金である。入苑者は最初の十ヵ月で百万人を超えた。福羽の構想した皇室庭園が広く国民に開かれたのである。この時、皇居外苑も国民公園になったというのはまことに象徴的だと言えよう。というのも、公園として開放することはGHQの方針でもあったのだ。まさに、開かれた皇室とは、皇室庭園新宿御苑や皇居外苑の一般への開放と地続きなのである。

開放された京都御苑と皇居外苑はどうなったか

この時、御苑とともに開放された、京都御苑と皇居外苑についても少し説明しておく。

京都の歴史は古いけれど、京都御苑そのものはさほど歴史があるわけではない。きっかけはやはり、奠都である。天皇が東京に去ってしまい帰ってこなくなったので、象徴を失った京都が衰退することを心配した岩倉具視が、明治十年に御所の保存を建議した。公卿の生まれである岩倉は、千年続いた歴史のある都が廃れてしまうのを恐れたのである。岩倉の訴えを受けた京都府は、京都御所だけでなく、火除けのためにその周辺の土地を確保して、そのあたりに並んでいた公卿屋敷とその跡地を整備した。これが京都御苑である。これだけなら、単なる京都御所記念公園だけれど、岩倉は天皇の即位や大嘗会、立后といった皇室の重要なイベントをこの京都御苑で行うように提案した。岩倉は晩年、喉頭がんを患い、明治十六年に大方の工事が完了した半年後にはこの世を去っている。そして実際に明治天皇崩御の後、大正四年に、大正天皇の即位の礼は京都御所で行われたので、亡き岩倉の思いは無駄にはならず、京都という土地の歴史的権威は保たれたわけである。だからこそ、新宿御苑や皇居外苑と同じように、第二次世界大戦後に開放される必要があったのである。

そして皇居外苑だ。そもそも「皇居」という名称は戦後のもので、当時は「宮城」と呼ばれていた。そのため現在の皇居外苑は「宮城前広場」と呼ばれていた。この、けっこうな広さのあるスペースは、徳川時代は「西丸下」と呼ばれ、近接する他の場所と同じく下総国関宿《せきやど》藩、陸奥磐城平《いわきたいら》藩、陸奥国会津藩などの大名屋敷が並んでいた。明治維新が起きると早々に上地され、官庁、兵営、官邸などとして使用されていた。明治二年の段階で長州屯所（とあるから長州藩の屯所だろうか）、神祇官、会計官、軍務官などが置かれていたが、明治十一年になると、近衛騎兵営、元老院、警視局練兵場、外務省、陸軍軍馬局調馬厩などがあった。おそらく、古くなった大名屋敷などは壊して練兵場にしたり、新たな建物に建て替えたりもしたのだろう。明治二十年にはさらに景色が変わって、皇居御造営工作所、元老院、華族会館、陸軍大学校などが置かれている。この間には、周囲の他の土地も整備が進んでいた。どの官庁も、他によい場所が見つかればそこに移動する。皇居御造営工作所とあるのは、明治十五年から始まった皇居の再建事業の関係設備だろう。

明治二年の東京行幸から、天皇は旧江戸城西ノ丸御殿を皇城として使用していたのだが、明治六年に火災が起きて、天皇皇后は赤坂離宮に避難して、しばらくの間そこで暮らすことになる。ちなみに江戸城の本丸御殿は、幕末の数年前の文久三年（一八六三）に火事で焼失している。つくづく江戸は火事に弱かった。皇居御造営事業とは、この燃えてしまった皇居の再建事業なのだ。その工作所が旧「西丸下」にあったということは、明治二十一年から始まった旧「西丸下」の整備工事もまた、皇居御造営事業の一環だったということだろう。皇居の再建がほぼ成立したので、官営の施設が雑多に並んでいるこの場所を整備して、見晴らしのよい広場にしたものが、宮城前広場ということか。宮城前広場の最も早い工事は明治二十一年の四月に始まり、翌二十二年の三月末までかかっている。実は、この明治二十二年の二月十一日に大日本帝国憲法発布の式典が行われているので、本来ならそれに間に合わせたかったのだろう。それよりさらに前の一月十一日、赤坂の仮の皇居にずっといた天皇皇后が新築された新しい皇居に移転しており、赤坂から現皇居まで移動する鹵簿《ろぼ》（行幸、行啓の行列を意味する）が宮城前広場に到着すると、花火が打ち上げられたり、軍楽隊が「君が代」を演奏したりと、まだ未完成ではあるが宮城前広場がイベント会場として使用された。都市の整備で重要なのは道路整備である。皇居移転と憲法発布という大きなイベントの日程は早くからわかっていたので、必要な部分を優先して道路を整備し、工事を進めたらしい。憲法発布の式典は、新宮殿内で行われ、午後から青山練兵場で記念の観兵式が行われて、その鹵簿が宮城前広場を通過して、その道筋には奉祝人員として軍隊や学校生徒が整列し、「君が代」演奏、斉唱を行なった。そして大勢の群衆が外側の広場に集まり、声援を揚げた。鹵簿と書いたけれども、今の言葉にするとパレードというのがふさわしい。実は、憲法発布の翌日にも盛大なパレードがあったのである。東京府の請願によって行われた上野公園への行幸である。このときは宮城の正門から桜田門を出て幸橋を通り過ぎ、新橋、京橋、万世橋を経由して上野公園内華族会館というコースだった。もちろん、途中の道路には奉祝の人員が立ち並び「君が代」を斉唱する。天皇の行列が東京の中心を練り歩くというのはもちろん国民へのアピールである。この時、日比谷公園はまだ陸軍が使用している。宮城から上野公園というのは、言ってみれば江戸

拡張された、日比谷公園より馬場先門前の道路

城から寛永寺である。この時、天皇皇后や軍楽隊の面々は洋装であったが、道行く人たちの中にはまだ和装が多かったはずだ。日本の近代化、西欧化はまだ道の途中であり、だからこそ上野公園と宮城前広場に取って代わる国家イベントの会場として西洋風の公園が必要とされたのである。

もちろん、日比谷公園が開園した後も、イベント会場としての役割は終わってはいなかった。明治三十八年には市区改正委員会によって、馬場先門前の道路幅が大きく拡張されることになった。そして明治三十九年四月三十日には、青山練兵場で三万人以上の兵士を集めて、日露戦争の凱旋観兵式が行われたが、この時も青山と宮城前広場をつなぐ沿道全体を会場として、盛大なイベントが行われた。市区改正で広げられた道路を凱旋道路と称して行進し、さらには宮城前広場全体に、日露戦争での戦利品の武器などを陳列したのである。芝生の上に小銃などが並べられ、大きな大砲が据えられて、見物人に大日本帝国軍の力を強くアピールした。新宿御苑の開苑式として、凱旋将軍歓迎会が行われるのはこの翌日である。この頃には東京の中心部に複数の巨大なイベント会場ができて、いろいろと使い分けられたようである。この日は宮城前広場と上野公園、またある時は宮城前広場と日比谷公園、という形でさまざまなイベントが行われた。天皇が公式行事で出かけるためには鹵簿で宮城前広場を通ることになるので、宮城前広場は重要な場所だったのだ。その証拠、というわけではないけれど、警視庁は明治四十四年に、日比谷公園と宮城前広場の両方が見える位置に新しい庁舎を建設し、それまでの鍛冶橋から移転してきた。通称、日比谷赤煉瓦庁舎と呼ばれるこの建物は関東大震災で焼けてしまうまで使われたが、中央部には高さ三〇メートルに及ぶ物見櫓が設置されており、いつ如何なる時も日比谷公園と宮城前広場を見張っていたのである。この土地には後に第一生命館が建てられるが、第二次世界大戦後にマッカーサーとともにやってきたＧＨＱの軍人たちに目をつけられたようでＧＨＱに接収され、庁舎として使われることになった。アメリカの軍人の目から見ても、地政学的に重要な土地だったということだろうか。

第二次世界大戦後、一般に開放された皇居外苑であるが、ここで思いがけないことが起きる。日比谷公園と同じように、皇居外苑が男女の逢引き、野合の名所になってしまったのである。夜ともなると、男女が寄り合ってきて、そこここの草むらの中で野合するに至った。日比谷公園ならまだしも、皇居の目の前というのは恐れ入るが、長かった戦争が終わったという開放感と、天皇という戦時中の権威に対する反発心などもあったのかもしれない。

また同じ時期に、大阪でも大阪城の周辺の土地が、逢引き・男女野合のメッカになっているのは非常に興味深い。東京も大阪城近辺も、第二次世界大戦の空襲で盛大に焼き尽くされた場所なのである。ということは、戦災で住む家を失った人たちが、夜の皇居前や大阪城付近で逢引きを重ねたということだろうか。夜の公園での男女の逢引きは、高度成長から大阪万博を経て、いわゆるラブホテルが日本のあちこちに建てられるようになっても、昭和の風俗としてまだ続いていた。これがいつ頃廃れたのかはよくわからない。

明治神宮の誕生

「国民の熱誠」により創建された明治神宮

明治の終わりは唐突にやってきた。

明治四十五年（一九一二）七月三十日の午前零時四十三分、明治天皇、睦仁《むつひと》が崩御する。以前から患っていた糖尿病が悪化し、尿毒症を併発したのである。満五十九歳だった。もっとも、正確な死亡時刻はこれよりも二時間ほど早く、日付が三十日に変わる前の、二十九日午後十時台には息を引き取っていたらしい。当時の関係者の記録をみても、皆がそれぞれに混乱しており正確な時刻はわからない。なぜ、こういう混乱が起きたかというと、おそらくそれが国家にとって初めての出来事だったからではないか。歴代の天皇の中で明治天皇は百二十二代にあたる。とはいえ日本は明治維新で全体の仕切り直しをしてしまったわけで、明治天皇の崩御はまだ新しい国が初めて経験する国家元首の死だったわけだ。『明治神宮の出現』（吉川弘文館）を書いた山口輝臣の言葉を借りれば、明治天皇の死は「立憲政治がはじめて迎えた天皇の死」だったということになる。わかりやすく言うと、天皇が死んだ時には何を行うのか、細かいことが決まっていなかった。そもそも、江戸時代の武士や公家は天皇の存在を知ってはいたが、彼らは全人口の二割ほどにすぎない。日本人の大半は明治になってから天皇のことを知ったのである。そして、天皇睦仁を明治天皇と呼ぶようになったのも彼が死んだ後の話だ。

数日前から体調不良を訴えていた天皇が倒れたのは七月十九日の夕食時である。目が霞むと訴えた天皇は、そのまま床についた。東京帝大から青山胤通《たねみち》と三浦謹之助が呼ばれて、診察の結果、尿毒症と判明した。この時点で実に危険な状態だったので、政府は七月二十日、国民に天皇が重態であることを公表した。それから、宮城前広場には夜と言わず昼と言わず大勢の人が集まり、広場にひれ伏して陛下のために祈った。宮内省は一日に数回、病状の報告を行なった。これと同じ光景をわれわれは昭和が終わるときに目にしているが、あれは明治天皇から始まった日本の風習なのだ。二重橋付近に集まる人の数は増えるばかりで、二十五日の夜からは徹夜する人々のために一晩中電灯が灯されることになる。人々の祈りも虚しく、天皇は次第に衰弱し死に至るわけだが、崩御が伝えられるとまた宮城前広場には悲しみの声が上がった。享年六十一。倒れる少し前まではまだまだ元気な様子だったので、周囲の関係者にとっても、いきなりの崩御であった。

夏目漱石は代表作の一つである『こころ』の中で、明治天皇の病気の報道から、崩御までのことに触れている。少し引用しておく。

明治天皇崩御を伝える東京日日新聞の号外

> すると夏の暑い盛りに明治天皇が崩御になりました。その時私は明治の精神が天皇に始まって天皇に終ったような気がしました。最も強く明治の影響を受けた私どもが、その後に生き残っているのは必竟時勢遅れだという感じが烈しく私の胸を打ちました。

長州藩士の家に生まれ日露戦争で名将と呼ばれた乃木希典が、明治天皇の御大葬の後で、妻の静子と共に自刃、殉死したことを鑑みれば、漱石のこの文章は決して大げさな表現ではないだろう。崩御は、それくらい大きな出来事だったのである。

当時の最先端メディアである新聞により明治天皇の崩御が全国に伝えられると、明治天皇を記念せよという声があちこちから上がった。天皇の死は世界各地にも報じられた。在位四十五年の間に日本という国は世界各国にその存在を知られるようになっていたわけだ。それは同時に、世界各地に日本人、日系人がいて、その土地土地で生活していたことも意味する。彼らに明治という時代が終わったことを伝えるためにも、天皇の死は広く報道される必要があった。

天皇の遺体は青山葬場殿から青山停車場に運ばれ、御霊柩列車に乗せられて青山仮停車場から品川駅、そして東海道本線を経由して京都駅から桃山駅へと運ばれ、伏見桃山陵に埋葬された。御霊柩列車とは何かというと、鉄道院新橋工場で製作された専用の列車である、ただし、今もある霊柩車のように乗用車に屋根が乗ったような特殊な造りではない。

京都に埋葬されることになったのは天皇自身の遺言だという。思えば、明治維新の際に遷都か奠都かで揉めたという話が懐かしい。大政奉還が成立した頃には、天皇が東京と京都を往還する二都計画もあったわけだ。実際には、東京に移転した天皇は皇居から動かず、この計画は立ち消えになっていたが、睦仁天皇は死して明治天皇となり、ついに京都に戻ってきたわけだ。歴代天皇の御陵というと、基本的に奈良県の橿原《かしはら》市や、巨大な前方後円墳として有名な大阪府堺市の仁徳天皇陵など関西地方に集中しているが、明治以降の大正天皇と昭和天皇はどちらも東京都八王子にある武蔵陵墓地に眠っている。そう考えると、明治天皇は関西に埋葬された最後の天皇ということになる。いろんな意味で明治天皇というのは日本の近代とそれ以前を分かつ分水嶺なのである。そしてこの歴史の記念碑のような存在である国家元首をお祀りするために、明治神宮が建設されることになった。明治天皇の皇后である昭憲皇太后が夫の後を追うように大正三年（一九一四）に崩御したので、現在の明治神宮にはこの二人が祀られているわけだが、この夫婦は二人ともお墓は京都の伏見桃山なのである。ところが祀られているのは東京の明治神宮だ。このあたりの事情は、明治維新時の京都と江戸・東京の確執がまだ続いていたとしか思えない。昭憲皇太后は洋装して牛乳を飲み、肉を食べて西欧化を促進した夫と同じように、洋服を着て日本の西欧化を積極的に進め、女学校の設立や日本赤十字の発展にも多大な貢献をしている。国家元首が夫婦でモダニズムを促進したわけだが、その近代化の象徴のようなご夫婦が、古き都である京都に埋葬された上で東京の神社に祀られるというのは非常に興味深い。参考のために、現在の明治神宮のホームページに書かれている文章をそのまま引用する。

明治45年7月30日に明治天皇さまが、大正3年4月11日に昭憲皇太后さまが崩御になり、御神霊をおまつりしたいとの国民の熱誠により、大正9年11月1日に、両御祭神と特に縁の深い代々木の地に御鎮座となり、明治神宮が創建されました。

「国民の熱誠」という表現が素晴らしい。何らかの政治的な意図がなければ、こんな大規模な施設が作られるわけがないのだけれど、当時の国民が天皇皇后をお祀りしたいと思ったというのは嘘ではないだろう。ともあれ、明治天皇のために新たな神社を作ることになったわけだが、実際に明治神宮を建設する計画が立ち上がると、いくつもの候補地が名乗りを上げた。東京では、代々木の御料地、青山練兵場、陸軍戸山学校、小石川植物園、白金《しろかね》火薬庫跡、御嶽山、神奈川県の箱根離宮付近、茨城県の筑波山、国見山、埼玉県は宝登山《ほどさん》、城峰山、朝日山。千葉県は国府台《こうのだい》、そして静岡県からは富士山がエントリーしている。候補地の申請は約四十件、そのうち富士山を推した町村は二十件に達したという。これら候補地の中で東京以外の場所はすべて見晴らしのよい景勝地であった。要するに自然に恵まれた見た目のよい観光地に天皇をお祀りしようという発想で、だとしたら確かに富士山が最有力候補であろう。とにかく関東地方の各地で、明治天皇の神宮をウチの近所に！　という運動が起きた。これはほとんど今でいうところのテーマパークの誘致運動であり村興しである。

方針を固めるため、大正二年に、時の内務大臣の原敬を委員長として神社奉祀調査会が結成される。この調査会の委員として招聘されたのは、枢密顧問官の蜂須賀茂韶《もちあき》。この人は阿波国徳島藩最後の藩主であり、文部大臣や東京府知事も務めた。そして、貴族院議長の徳川家達《いえさと》。言うまでもなく、大政奉還がなければ第十六代の将軍になっていたはずの人である。そして武蔵国榛沢《はんざわ》郡(現在の埼玉県深谷市)の農家に生まれて剣術を学び、農兵を経て最後の将軍徳川慶喜の幕臣になり、パリ万博を視察、明治維新後は大隈重信に請われて大蔵省の官僚となり、井上馨とともに下野した後は第一国立銀行の頭取を務め、実業家として東京瓦斯《がす》や王子製紙、帝国ホテル、秩父セメントなどさまざまな企業の創設に関わった明治の怪物、渋沢栄一。会津藩士出身で、少年時代には白虎隊に参加し、国費留学生としてアメリカに渡り、イェール大学で物理学の学位を取得し、帰国後は東京帝大の総長、九州帝大の初代総長も務めた山川健次郎。そして宮内省内苑頭として新宿御苑の福羽逸人、東京帝大の農科大学教授として日比谷公園を設計した本多静六の名前もある。大正二年のクリスマスに第一回の神社奉祀調査会が開かれ、翌大正三年一月には、鎮座地は東京に決定し、その中から明治天皇と縁のある場所を選びだして、最終的に四つの候補地が浮かび上がった。

明治神宮の森はいかに設計されたか

一つ目は陸軍戸山学校敷地、東京メトロ副都心線西早稲田駅とJR山手線新大久保駅からほど近い、現在の都立戸山公園とその周辺の土地である。もともとは尾張藩の下屋敷、戸山荘のあったところで、その頃は見事な庭園が整備されていた。明治六年に陸軍兵学寮戸山出張所が設置され、翌年から陸軍戸山学校になった。敷地内には射撃場、近衛騎兵連隊、陸軍軍学生徒隊などがあったが、戸山荘庭園由来の見事な巨木もあり、景観は悪くなかったという。東京帝大工科大学教授として調査会委員を務めた山形出身の建築家、伊東忠太によると、広さは問題ないが、土地が渓谷で両断されて社殿を配置するのに向いておらず、樹林にも乏しいということで見送られた。

二つ目は白金火薬庫跡、これは現在の国立科学博物館附属自然教育園である。最寄り駅は東京メトロ南北線・都営三田線の白金台駅、JR山手線・東急目黒線の目黒駅だ。この場所にはもともと高松藩松平氏の下屋敷があった。明治四年、新政府に取り上げられ、明治八年からは海軍が火薬庫として使用していた。こちらもなかなかのロケーションであったが、伊東忠太の言によれば、「惜しむらくは敷地が狭く、かつ広い参道を取るのに不便な地勢」にあるということで見送られたようだ。大正六年には白金御料地となり一般の立ち入りは禁止されていたが、第二次世界大戦後の昭和二十四年（一九四九）には文部省の所管となり、「天然記念物及び史跡」に指定され、国立自然教育園として一般公開されることになり、昭和三十七年から現在の国立科学博物館附属自然教育園になった。

三つ目はというと、日比谷から移転してきた青山練兵場跡地である。江戸時代の末頃は丹波篠山藩、日向《ひゅうが》飫肥《おび》藩、出羽山形藩などの下屋敷のあった場所で、日比谷と同じく、練兵場として長く使われたのでいささか土地が荒れている。協議の結果、この場所には神宮外苑を作ることになった。

南豊島御料地

四つ目が東京府豊多摩郡代々幡村大字代々木にある南豊島御料地である。もともとは加藤清正の邸があったと伝えられ、幕末には彦根藩井伊家の下屋敷となっていた。井伊家が整備した美しい庭園が、明治になって上地され、一旦は井伊家に払い下げられた後、宮内省がこれを購入して御料地になったのである。ここの庭園が代々木御苑と呼ばれていた。一時は福羽逸人が新宿御苑と合体させて超巨大な庭園にしようと目論んだ代々木の御料地である。中には皇室の御苑があり、森と泉があった。明治天皇もお気に入りの場所であり、まだ周囲に民家が密集しているわけでもない。また、兵隊たちの軍靴で踏み固められた青山練兵場よりも土壌がよかった。というわけで、四つの候補地を調査した結果、明治神宮は代々木の御料地に作ることになった。そうやって計画を進めているうちに昭憲皇太后が崩御になったので、ともに奉祀されることになった。

大正四年四月に明治神宮造営局が設置され、十月には地鎮祭が行われた。造営計画に携わったのは神社奉祀調査会にも参加していた伊東忠太、本多静六、旧高田藩士の家に生まれ、東京帝大工部大学出身の関野貞《ただし》。ちなみに伊東と関野は辰野金吾門下である。そして和歌山出身の林学者、川瀬善太郎である。

明治神宮内に建てられる建築物に関して伊東は、当時の彼の持論である「建築進化論」をもとに、神社の建築とはいえ、折々の時代に応じて変化してきたものだから、明治時代にふさわしい新しい様式で社殿を作るよう主張した。ダーウィンの進化論は二葉亭四迷が『種の起原』を愛読していたというくらいで、日本には明治時代に入ってきた新しい知識だった。また、関野は、新しい材料を用いて新しい明治時代を表す形式にしたいと考えていた。時代は大正に入ったばかりだったが、明治という時代を新しいものとしてとらえ、それにふさわしい現代建築を作ろうという意識が強くあったわけだ。

また、明治神宮には日本の神社の伝統にふさわしく、世間の騒々しさが感じられないような荘厳な森＝杜が作られることになった。神社の「社」と「杜」はもともと同義語なのである。

この森に関して大隈重信は、伊勢神宮や日光の杉並木のような雄大で荘厳な景観が望ましいと、主にスギやヒノキを使った森を作るよう主張したが、本多がこれにストップをかけた。スギやヒノキは代々木の風土にあまり合わないことと、すぐ近くを走る山手線が当時は蒸気機関車だったので、煤煙に弱いスギやヒノキでは心許ないと大隈を説得し、人の手を加えなくても自然に育ち森を維持できること、煙害に強いこと、神社にふさわしい樹形、林相を持つこと、などの観点からカシ、シイ、クスなどの常緑広葉樹をメインに選んだ。とはいえ、現地には御料地時代からの樹木もあるわけで、これを活かさない手はない。以前から立派に育っていたのはアカマツ、クロマツだったので、それよりもやや低い層としてヒノキ、サワラ、スギ、モミなどの針葉樹を交え、さらに低い層に将来の主力となる予定のカシ、シイ、クスなどの常緑広葉樹が配置され、最も低いところに常緑小喬木、灌木が植えられた。また、森の管理についてもしっかりと考えられていた。林に蓄積した落葉を除去すると、地力の減退や稚樹を抜き去ることになり、将来的に森が荒れる恐れがあることから、落葉一枚たりとも持ち出してはならないとされていた。

百年単位で設計された森なのである。

樹木に関しては、全国各地の役所、学校、団体、個人などから多数の献木の申し込みが殺到し、実際に十万本近い献木が集まった。さらに、建設、造営にあたっては全国青年団員が勤労奉仕、つまりボランティアで働いたのである。その数なんとのべ十万人。工事中に第一次世界大戦が始まってしまい、物価が高騰したためにボランティアの出動となったわけだ。今だったら問題になりそうな話ではあるけれど、それだけ日本国民が明治神宮に期待しており、建設そのものが国民のイベントになっていたのだ。

明治神宮内苑と神宮外苑——近代プロジェクト「明治時代」の総決算

明治神宮の建設と並行して進んでいたのが神宮外苑の計画である。明治神宮（内苑）と神宮外苑は分けて考える必要がある。というのも国費で造営された内苑に対して、外苑は民間の出資で作られたものなのだ。

明治神宮が内苑と外苑からなること、内苑は国費でまかない、外苑は民間からの献金でまかなうこと、代々木の御料地を内苑に、青山練兵場を外苑にすること、これらの基本的なアイデアはかなり早い段階で渋沢栄一と東京市長の阪谷芳郎《さかたによしろう》が計画していたことだった。渋沢は神社奉祀調査会でも外苑を東京に置くよう強く主張していた人である。おそらく彼の頭の中には確固たるビ

神宮外苑の航空写真

ジョンがあったのだ。そしてそれを実現するために必要だったのが、伊東や本多といった各方面のエキスパートだったのである。

内苑と同時に外苑の計画も進みつつあった。そして財団法人明治神宮奉賛会が発足する。外苑設計委員会のメンバーは、伊東忠太のほかには、姫路藩士の息子で江戸屋敷生まれの工学博士、古市公威。先述の通り、埃っぽい日比谷練兵場を公園にしようと言い出した人である。そしてヨーロッパで土木工学を学び、帰国後は東京市土木局長を務めた日下部弁二郎。この人の実父は巖谷《いわや》一六《いちろく》といって近江の書家で、作家の巌谷小波《さざなみ》は弁二郎の弟にあたる。新潟学校を卒業後、自費でアメリカに留学し、土木技術を学んで、帰国後は内務省土木局に入った近藤虎五郎。京都生まれの建築家、塚本靖、前述の関野貞ら工学博士に、本多静六、川瀬善太郎ら林学博士。そして加賀藩士の息子で農学博士の原熙《ひろし》という顔ぶれである。その全員が、留学ないし海外視察で欧米への渡航を経験していた。本体が神社である内苑は、新しい時代の形式で設計されたとしても基本的に伝統美を重んじた和風であるのに対して、外苑は現代的な洋風庭園なのである。国費と民間出資、和風と洋風、このように内苑と外苑は対照的にデザインされている、それは同時に、明治神宮という巨大な空間の中では、国家と国民が、また日本の文化と西欧文化が共存しているということでもある。さらに言うなれば、内苑が神社であるのに対して、外苑は公園なのだ。しかもその公園の中には聖徳記念絵画館という、明治天皇と昭憲皇太后のメモリアルセンター的な設備があり、憲法記念館（現在の明治記念館）があり、明治神宮野球場や明治神宮外苑競技場（現在の国立霞ヶ丘陸上競技場）といったスポーツ施設がある。関東大震災や第二次世界大戦を経て変わった部分も多いけれど、基本的には創設時の構想とあまり変わっていない。巨大な空間の中に、各種の施設を取り込むというデザインは、明治の初期にジョサイア・コンドルらが描いたものである。

日比谷から移転してきた青山練兵場は、兵隊の数が増えるに連れて手狭になっていた。なので明治の末には移転して代々木に練兵場を新設する計画が持ち上がっていたようだ。その頃、日本でも万国博覧会を開催する計画があり、その「日本大博覧会」の会場として浮上したのが青山練兵場だったのである。ところが、当初の予定よりも経費が増大して設営準備も遅れてしまった。スケールの大きな計画に財政が追いつかないという、明治政府ではお馴染みのパターンである。

結果的に日本大博覧会は五年延長されて明治五十年開催予定となったのだけれど、その前に天皇崩御という予定外の事態を迎えることになり、壮大な計画は立ち消えとなってしまった。そう考えると明治神宮は、一大国家イベントになるはずだった日本大博覧会が形を変え、一過性のイベント会場ではなく、明治という一時代を象徴する恒久的な空間として現れたものだったのかもしれない。

外苑を作るために青山練兵場は代々木に移転する。この土地も江戸時代には井伊直弼の下屋敷ほか大名屋敷があったけれど、屋敷の周辺には田畑が広がっており、明治初年の桑茶令の名残で桑畑、茶畑が多かった。ここは第二次世界大戦後、米軍の在留軍家族の居留地ワシントンハイツとして使用され、その後は東京オリンピックの選手村になり、それが整備されて現在の代々木公園になった。

明治神宮内苑は大正四年から長い時間をかけて作られ、大正九年に鎮座祭が行われ、大正天皇の名代として後の昭和天皇、皇太子裕仁親王が行啓した。神霊が、その場所にしずまり留まることを鎮座というので、これ以降はずっと明治天皇と昭憲皇太后は明治神宮にいるのである。だが、それ以降も残った植樹や張芝、橋梁などの工事は続けられた。施設の多い外苑は、さらに時間をかけて大正十五年に完成する。途中で関東大震災という未曾有の災害が東京を襲ったが、この際には他の公園と同様に避難場所となり、罹災者用バラックが建てられた。

今、地図を見ると神宮外苑は新宿御苑とほど近く、福羽逸人が抱いた構想が事実上実現されたようにも見える。

明治神宮の明治天皇をお祀りする神社と、スポーツ施設を含む広大な公園というコンセプトは、皇居外苑を含む皇居と、そこから目と鼻の先にある日比谷公園の関係に少し似ている。皇居も神宮内苑も天皇の居場所である。対照的に日比谷公園と神宮外苑はともに国民のための空間である。その絶妙な距離感覚は少し離れた場所から天皇が国民を見守っているようでもあり、国民が天皇を仰ぎ見ているようでもある。この構造を作り上げたのは、もちろん皇族ではなくて、明治新政府のもとで東京という首都を作り上げた人たちだった。強いて言えば、明治天皇もその中の一人ということになる。明治新政府という御輿を担いだ人たちは、それぞれ近代国家を作るために自分の仕事をしたわけで、その神輿に乗った天皇もまた自分の仕事をしたわけだ。

日比谷公園が、当初の計画から完成までにやたらと長い時間がかかったのは、すでに書いたとおりである。それは単に日本初の西洋風公園を作るというだけではなく、銀座煉瓦街計画や官庁集中計画といった、江戸を東京に作り変えるための複数のプロジェクトと並走していた。

明治神宮というプロジェクトは、西欧化と近代化をひたすら突き進んだ明治という時代を締めくくるにあたって、その初期に行われた、皇居の前から日比谷、丸の内あたりの都市計画を今一度おさらいするような作業だったのではないか。実際、明治神宮プロジェクトで活躍したのは伊東忠太、塚本靖、関野貞といった辰野金吾門下生であり、若くして日比谷公園の設計を任された本多静六といった人材である。彼らのほぼ全員が、欧米への留学経験を持ち、帰国すると要職に着任し、ＯＪＴ、いわば、オン・ザ・ジョブ・トレーニングで鍛えられたある種の叩き上げばかりであることは重要である。幕末に長年の鎖国を解き、開国したこの国で必要とされたのは、外国の知識、教養を素早く吸収して即戦力となりうる人材だった。だからこそ薩摩藩をはじめとしてさまざまな組織が前途有望な若者を海外に送り込んだのだし、野心のある若者たちは自分から海外に飛び出していった。国は人なり、人は国なり。明治の初期は、いわば新時代に通用する人材の育成期間だった。それが、明治の終わりには確実に実を結び、明治神宮の造営に集結したということだろうか。

エピローグ

ここまで本書を書いてきて、大勢の人物が登場したけれど、できるだけ各人物の出自を書いておいたのにはわけがある。江戸、東京の出身者がわりと少ないのだ。これは別に、東京を作ったのは江戸っ子ではなく、地方からやってきた田舎者だったのだ、などと言いたいわけではない。もともと、東京にある大規模な公園ができたきっかけを知りたくて、少しずつ調べ物をしていたのだけれど、その過程で資料の山から浮かび上がってきたのは、新しい国家を作り出して形にするために大勢の人間が大変な苦労と努力を重ねてきたという事実だった。歴史は好きな方ではあったけれど、まったく知らなかったことも多く。本書を書く準備をしながら、目からウロコが何枚も落ちる思いをした。個人的に驚いたのは、やはり薩摩藩である。薩摩バンドに薩摩辞書、どれだけ時代の先端を走っていたのだ、幕末の薩摩は。これはもちろん、西欧文明の窓口である長崎・出島が近くにあるという地の利もあるのだけれど、やはり島津は意識が高く、その土地の若者たちも進歩的だった。若き日に、坂本龍馬のような人と接した前田正名が、成人してからは農本主義のような姿勢で、殖産産業に挑み、地方を豊かにするために働いたというのは非常に素晴らしいことではないか。

人というのは移動する生き物である。移動した先で知識や技術といった文化的資産を吸収して、自分の国へと持ち帰る。中には、植物の種子や苗木を持ち帰って、自分の国に植えるものもいたわけだ。また、外国から移動してきた人たちが、他所《よそ》の国の知識や技術を教えてくれたりもする。幕末に開国するやいなや大勢の人間が海外に移動して、さまざまなものを持ち帰り、それによって明治の日本が作られた。国家にせよ都市にせよ、最大の資産は人なのだとつくづく思わされる。そして人を活かすのは、場所である。そして、人と場所を活かすのは広義のインフラなのだ。

新しい国家を作るためには、まず首都を作らねばならない。なぜなら首都は、全国各地の都市の規範となる存在だからだ。そして公園というのは、都市には不可欠なものであるらしい。人が生きるためには緑の環境が必要なのだけれど、それは自然のままの緑ではなく、人の手で整備され管理された緑でなければならないのである。公園もまた国づくりの一環であり、だからこそ公園の誕生を描いた本書には、何度も何度も軍隊が登場する。近代においては、軍隊もまた国づくりの重要な要素だったのだ。

当時の世界状況を考慮すると、明治新政府が大急ぎで軍隊を作り上げようとした理由がよくわかるのだ。徳川幕府が鎖国した頃から、この島国は西欧の植民地となることを恐れ、懸命に避けてきたわけだ。いざ開国したからには、欧米列強と戦えるだけの軍事力が必要になってしまった。だからこそ、大慌てで日比谷の荒れ地に練兵場が設置されたわけである。とはいえ、近代化が進むに連れて、この練兵場の居場所がなくなってゆくのは非常に面白い現象ではないか。明治時代を通して、練兵場は日比谷から青山、青山から代々木へと移転する。そして、結果的にではあるけれど、練兵場のあった場所はすべて平和な公園になっているのだ（代々木公園ができたのは、もちろん第二次世界大戦に負けたからなのだが……）。

僕は戦後の平和教育を受けて育った人間なので、大勢の人がよってたかって作った明治の日本が、大正時代を経て昭和の初期に悲惨な戦争へと突入したことはよくわかっているつもりである。だが、明治の人たちのことをあれこれと調べた今、彼らが強い国を作ろうとしたことまでは否定する気になれない。戦争で負けた国だけでなく、戦勝国にとっても第二次世界大戦による傷跡はあまりに大きかったので、二十世紀の後半はほぼすべての先進国が、二度と大きな戦争を起こさないための努力を重ねて平和教育を推し進めたのは、周知のとおりだ。少し前に話題になったスティーブン・ピンカーの『暴力の人類史』によると、人類は常に戦争や暴力を減らす方向に進んでおり、今もその真っ最中だという。それが正しいとすると、明治の練兵場が、居場所をなくしてあちこちへ移動し、その跡地がすべて公園になっているというのは、この時代の人達もまた現代の僕たちと同じように、戦争よりは平和の方がよいという意識があったのではないかと思ってしまう。実際、日露戦争の講和条約の時も、新聞メディアはもっと戦争すべしと国民を煽ったのに対して、庶民の間からは、もう戦争は懲り懲りだという声が上がっているのだ（その代わり、暴動は起こしたけれど……）。

国づくりというのはナショナリズムを確立させるためのものだろう。そして現代のわれわれはそのナショナリズムが時として危険なものになることを知っている、本書に登場する数多くの人物たちも、おそらくはナショナリズムで動いたはずだ。だがしかし、彼らのやったことの多くは、お雇い外国人たちの仕事も含めて、どちらかというとグローバリズムに与《くみ》するような作業ではなかったろうか。

本多静六は国民のモラル向上を視野に入れていたし、福羽逸人は皇室のために仕事をすることで、その結果が国民にフィードバックされることを考えていた。それが彼らにとっての近代化だったとすれば、僕はこの国が近代化してよかったと心から思う。

樫原辰郎（かしはらたつろう）
1964年大阪生まれ。大阪芸術大学文芸学科中退。映画監督、脚本家、評論家。ゲームを含め多くのシナリオを手がける。2007年『美女濡れ酒場』で第15回ピンク大賞・作品、脚本、新人監督部門受賞。2008年『ペルソナ』を監督。コラムでは食文化から都市、生物、アニメ、文学史まで幅広く取り上げている。主な著書に『海洋堂創世記』（白水社）『『痴人の愛』を歩く』（白水社）がある。

帝都《ていと》公園物語《こうえんものがたり》

二〇一七年八月十一日　第一刷発行

著　　者　樫原辰郎
発 行 者　田尻　勉
発 行 所　幻戯書房
郵便番号一〇一-〇〇五二
東京都千代田区神田小川町三-十二
岩崎ビル二階
電　話　〇三（五二八三）三九三四
F A X　〇三（五二八三）三九三五
U R L　http://www.genki-shobou.co.jp/

印刷・製本　中央精版印刷

ISBN978-4-86488-127-2　C0095